幸福と成功の秘訣Ⅳ
聖書が教える生活への指針

《仕事・実生活編》 中島總一郎[著]

いのちのことば社

まえがき

「社会の第一線で活躍する青年や壮年が、人生において勝利を得て進んでいき、幸いな高結果を収める秘訣があったら、それを是非本にまとめてほしい。」このような要望が某都立高校校長の方から私にありました。本著シリーズの執筆を手掛けることになった最初のきっかけです。当初そのような資格と知恵が私にあるとは毛頭思いませんでした。しかし、要望された方は、私には「ある」と認めて勧めてくださったのであろうと受け取りました。それならこの要望を前向きに大胆に受け入れ、著してみようかと筆を執ることにしました。

私を愛してくださる主は言われました、「自分にある能力と時間を、必要としている人々のために用いなさい」と。筆を進める私は愚かであっても、その背後にあって導いてくださる主は、知恵の宝庫であって、人知を遥かに超えた知恵のお方です（新約聖書・コロサイ人への手紙2章3節参照）。私に備えられた霊をこの主に委ねて、導かれるままに筆を進めることにしました。

「人生の成功と幸福」と大上段に構えてみても、その基盤でありスタートは、日々の生活にあります。毎日の生活一つひとつの行動と決意・願望にあります。日々の生活の心構えと言動がしっかりと地に着いて、怠りなく着実に本道を歩み続けるならば、自らの生涯を幸福と成功に導くことができます。すなわち、毎日の生活の上での精神と行為が、正しい信念と確実な基準に則って営まれるならば、人間としての豊かな生き方に到達することができます。

そこで第一部の「仕事篇」では、「どのように働いたら仕事が楽しく、成果が上がるのだろうか」、「どのように仕事をしたなら、自分の人生に幸せと成功を招き入れられるだろうか」、これを主要テーマとしてまとめました。

第二部の「実生活篇」では、「どのように日々の生活を送り、読書したり、お金や時間を用いたならば、自分の人生を真に富裕にすることができるだろうか」、「幸せな結婚をして楽しい我が家を作り、適切な育児や指導を行っていくには、どのようにしたらよいのだろうか」、このような身近な問題を、七つのテーマに絞り込んでまとめてみました。

*

本書では著述をできるだけ短文にまとめ、耳を傾けるべき思考と行動の基本的な要点だけを記しました。そして叙述内容で関連したことが既刊拙著にある場合には、それを抜粋要約して、コラムとして付記しました。

なお、用語として、「全知全能にして遍《あまね》く存在し、聖と義と愛の特性を持つキリスト教の唯一なる神」を、できるだけ「主」と表記しました。

聖書は、日本聖書協会の口語訳を基本として用いました。

目次

第二部　実生活編

第一章　日常生活の姿勢……182

第一部

仕事編

第一章　仕事からの幸福

序　仕事がもたらした幸い

定年後に職を離れて十七年が経ちました。今になって生涯を振り返るに、「満たされた人生であった」としみじみ回顧できることは、大きな幸せです。

我が人生が満たされていた最大の要因は何であったかと問えば、それは仕事が楽しく充実していたということです。仕事の内容とそれに取り組む姿勢が、私に悔いのない十分な満足を与えてくれたと言えるでしょう。

幼・少年時代に経済的貧窮がなかったわけではありません。壮年時代に「教会を採るのか、会社を採るのか」との強要と迫害にも遭いました。異国に新会社を創設するという身に余る仕事を任され、不安に心乱される日々を送ったこともあります。初老を迎える時期に愛息を交通事故で亡くし、悲痛に耐えねばならない時期もありました。

そんな状況下にあっても、何かに欠乏しているとして苦悩することはありませんでした。どんなに四方から患難を受けても窮することはありませんでした。途方にくれても行き詰まることはありませんでした。迫害にあっても見捨てられることはなく、逆に成し遂げるようにと大仕事を委託されました。倒されても滅びず、拒絶や妨害を受けても何度でも立ち上がりました（新約聖書・コリント人への第二の手紙4章8〜9節参照）。

それどころか、常に前向きに生き、仕事に関して積極的に革新を提案し、新企画や施策に果敢に挑戦し、一つひとつ課題や難問を克服し、成功させていきました。このように積み重ねてきた仕事の集積が、人生を通して私に心と生活の充実を提供し、「満たされた生涯」をプレゼントしてくれたと言ってよいでしょう。

一節　働きから生気を得る

1　働きから祝福を得る

▼職業に就いて働くことには、四つの意義がある。初めの三つは人に働き甲斐を与える。最後の四つ目は、生き甲斐さえも与える。その意義の四つとは、

①生きていく生活の必要を支える。

②職業を通して自己実現を達成させる。

③働くことで何か役に立つことを提供して、社会に貢献する。
④与えられた仕事を召命であるとして、神の栄光を現す。
召し出された職業を自分の天職であると受領して、神の栄光を現そうと勤勉に働く者に対しては、主は大いなる祝福をもって応えてくださる。〔コラム1〕

▼スイスの賢者カール・ヒルティは言う、「人生の幸福な時期というのは、要するに、仕事に没頭している時です」(『眠られぬ夜のために』第二部下、八月二十九日)。これは真実である。仕事に没頭している時は、自分の全精力を傾注しており、それ以外のことは何も考えない。そして仕事を終わらせたときには、これ以上ないほどの充実感に浸る。この意味で、主が「(あなたは)六日の間働いてあなたのすべてのわざをせよ」(旧約聖書・出エジプト記20章9節)と戒められたのは、私たちに労苦を強いるためではなく、祝福を与えるためであることが理解できる。

▼成功と祝福を多く願うならば、何かの働きを為すときに、「神のために」、「主の栄光が現れるために」することである。私心や利己主義のためにしないことである。「主のために」すると、その献身に添えて与えられるものとして、成功は約束され、必ず多くの祝福が授与される。しかし、自分中心のエゴイズムが底流にあって仕事をしていくと、途中経過には苦しみが多く、そればかりでなく、その先には失敗という報酬が待っている。
自分の働きによって、成功と祝福を体験した者は、ますます主を信頼し、主に従うことを喜びとす

〔コラム１〕

◆宗教的意味を見いだして働く幸い

職業の持つ意義は何であろうか。働き甲斐はどこからくるだろうか。職業には４つの意味がある。①経済的意味と、②個人的意味と、③社会的意味、それに④宗教的意味である。

職業に従事することによって、①第１、生活の糧を得ることができる。日常生活に必要な物資を得ることができる。蓄えによって将来の安心をも買える。②第２に、自分の能力を発揮し、個性を注ぎ込み、自己実現を達成させ得る。③第３の社会的意味として、仲間と協力し合って何かを生み出し、それをもって社会に貢献することができる。社会の進歩と秩序は、それらの職業人の分担と、勤勉な従事によって成り立っている。

多くの人々は、これらの３つの職業的意味によって働き甲斐を感じ、仕事から喜びを得ている。そしてこの３つで終わっている。しかし、職業にはもっと大きな意味があり、生き甲斐さえ与えられる意義がある。それが第４の宗教的意味である。

〔中略〕④この地上に生きる私たちの生活のすべてを貫く原理、すなわち「飲むにも食べるにも、また何事をするにも、すべて神の栄光のためにすべきである」（新約聖書・コリント人への第一の手紙10章31節）は、職業にも適用される。

自分の職業に宗教的意味を見いだし、その仕事を神の栄光を現すために与えられた自分の天職であると信じて働く者には、上記①、②、③のどの意義にも優る④の幸いがあり、生き甲斐がある。

職業には、是非とも宗教的意味を見いだして働きたい。

（『クリスチャン人生　瞑想録』p.43～44）

るようになる。そして、それに加えて健全な信仰を強められるという報酬が付いてくる。

2　恵みに押し出されて働く

▼働くキリスト者として、次のように告白できるならば、主の前にある仕事人として、これ以上ない最高の祝福を得たことになる。すなわち、「神の恵みによって、わたしは今日あるを得ている。そして、わたしに賜った神の恵みはむだにならず、むしろ、わたしは彼らの中のだれよりも多く働いてきた。しかしそれは、わたし自身ではなく、わたしと共にあった神の恵みである」（コリント人への第一の手紙15章10節）。これは大使徒パウロが、自分の生涯を顧みて、感慨に耽《ふけ》りつつ吐露した言葉である。

▼私が世にある職業人として、何かを成し得たと認められることがあるとするならば、その要因の根本に、許されて結ばれた主との関係の信仰がある。これをもう少し詳しく分析してみるならば、その要素は、次の三つに絞ることができる。

①私の側では、第一に、世にある職業人として、「主の栄光を現しなさい」との使命をいただいたこと。そして、これに従ったこと（新約聖書・エペソ人への手紙1章6節参照）。

②第二は、遣わされたキリストの僕として働いたこと（同6章6節参照）である。

③第三に、神の側としては、常に私と共にいてくださるとの約束を与えてくださった（出エジプト記3章12節参照）ことである。

これらのことによって、創意の発想も計画の企画力も果敢な行動力も、主が私に与えて導いてくださった。

3　仕事そのものから幸福を得る

▼多くの人々が、幸いを得るためには、できるだけ少なく労働しようとする。少しでも楽をして大きな報酬を得ようとする。しかし、この世において多くの報酬を得て幸いを得る方法は、できるだけ多く働くことである。それも有益な仕事に就いて、見返りに捕らわれず、充実した精神のもとに働くことである。

健全な精神と健全な身体をもって、喜びの中に快活に働くこと、これ以上にこの世において幸福をもたらす秘術はない。

▼この世で、人を最高に満足させるものは、主の身近に常に居続けることである。その次に人に満足を与えるものは、有益な仕事に絶えず関わって働くことである。

世が与える最善で最も報いのある事柄は、自分の頭脳と体力の全精力を注ぐことができる仕事に就くことである。特に主に喜ばれる働きに従事するようになると、快い充足感に満ちた疲れと共に、深い眠りを与えられる。

▼仕事は、人生を充実させるための神からの贈り物であり、祝福である。仕事以上に私たちがこの地上に命を得ていることを喜ばせてくれて、生きているんだということを実感させてくれる事柄はない。

▼確かに人からもらって食べるものはおいしい。しかし、好みのものを身銭を切って自分で買って食べるのは、なおおいしい。

▼ミッションに叶う職業人生は、何と幸いなことであろうか。ミッションには二つの意味がある。①使命と②天職である。

①使命は、主がその人にその人の命を使ってなせと命じられた仕事である。

②天職とは、人々の間に多くある職業の中で、「あなたはこの職業を生涯にわたってライフワークとしてやり遂げなさい」と、主が召し出して就けてくださった職業である。

天職と信じた仕事に、自分の命を使い切るべき使命であると確信できて、職業人生を送れることほど幸せなことはない。〔コラム2〕

4　働きから生き甲斐を得る

▼すべき職務を達成したときにのみ、誇りは生まれてくる。誇るに足るだけの仕事を成し遂げたときにのみ、人は自分の内に誇りを持つことができるようになる。誰もが重要と認める仕事を順調に達成し

ていく自分であるときに、人は自分自身を重要な人物なのだと感得することができる。人生において、仕事は、生きる喜びと生き甲斐を与えてくれる重要な要素であり、主が与えてくださった祝福の一つである。〔コラム3〕

〔コラム2〕

◆天命にかなう

「天命にかなう」。これが私の生きる上での信条である。天命を英訳すれば、ミッションである。ミッションには2つの意味がある。使命と天職である。

自分に与えられた唯一の命を何にどのように使うか、これが使命である。天職とは、その職をもって社会に貢献せよ、と天からその人に与えられた職業である。現在自分に与えられている天職に使命を感じ、自分の能力を最大限まで練磨して、与えられた職を全うしていく。このような生き方をしたいものである。そのように、私は常々考えてきた。

天がその人を成功へと導く基準は、その人間の大小、強弱、能力の有無ではない。示され与えられた天命に、いかに忠実であるかである。事の成否の全てはここにかかっている。また「天は自ら助くる者を助く」と言われるが、使命に忠実な者に対しては、天も導きと力とをもって助けてくださる。それに加えて、充実した人生をさえ送らせてくださる。その結果として、社会に大いに貢献できる人間になっている自分を見させていただくことになる。　（『満たされた生涯』p.422～423）

〔コラム3〕

◆祝福としての労働

誇りや達成感は、職務や仕事を離れては得られない。人は、何か誇るに足ることを成し遂げた場合にのみ、誇りを持つことができる。

人は、何事かを自分の力で達成した場合にのみ、爽やかな達成感を味わうことができる。そして、人は自分のしている仕事が、誰もが認めるほどの重要なものである場合にのみ、自分自身は重要であると感じられる。

与えられた仕事が重要で誇りの持てるようなものであり、それを達成できたならば、人はそこに喜びを見いだし、満たされた心となる。ましてやそれが主から認められるような場合には、喜びはなおさらである。

そうであるから、人が重要な仕事をし続け、価値ある職務をやり遂げるということは、人によって喜びに満たされた生き甲斐を与えるものであり、働き甲斐を生み出すものである。御心に沿った労働、それは懲罰ではなく、主が備えてくださった祝福の源泉である。　（『満たされた生涯』p.535）

▼仕事をすることは、元来幸せなことであった。最初の人がエデンの楽園にあった時は、仕事は活動からの充実という祝福を得る手段であった。ところが、主との関係を断絶し、主から離れて生活するようになったその時から、仕事は労働と言われるような、額に汗して働かねばならない労苦となった（創世記3章17節～19節参照）。主との正しい関係を取り戻すならば、人のする仕事は、ただ生活を維持するためだけの必要悪ではなく、主から幸いを得る源となる。〔コラム4〕

▼青・壮年時代で最も充実した幸福な生活を送ることを望むならば、打ち込める仕事を持つことである。精魂を傾けて命を注ぎ込むほどの仕事を持つこと、これ以上の生き甲斐はない。どんなに高尚で

〔コラム4〕

◆幸せの源なる労働

「主なる神は人を連れて行ってエデンの園に置き、これを耕させ、これを守らせられた」（旧約聖書・創世記2章15節）とある。仕事は本来楽園ですべきことであったし、現在もそうである。仕事は、人が生きていることを実感し、充実した生を満喫するために、主から人に与えられたものである。仕事は、仕事をすることそのことが楽しい幸せな活動であり、神からの祝福であり、主からの賜物である。

（中略）楽しく生きて充実感を味わわせてくれるもの、それが仕事の元々の姿である。人が額に汗して労苦して働かねばならないようになった原因は、人が罪を犯して主に背いたことにある（同3章17～19節参照）。主の意向に対してこれを拒絶し、その結果、主からも拒絶されたからである。主との交わりが絶たれ、主からの祝福が来なくなったからである。

主に対して犯した罪が取り去られるならば、人は再び働くことが楽しみに変わる。働くことが幸せなものになる。それはすでに罪赦されて働いている者が実感して証言することである。罪赦されたキリスト者にとっては、仕事をすることは、日々の衣食住を得るための労苦の多い生活手段ではなく、幸いを得るための活動の目的となっている。

（『クリスチャン人生　瞑想録』p.40～41）

純粋・有益な活動であっても、それが労働の域を出ないものであったなら、その満足は、心血を注ぐ仕事から来る充実感には到底及ばない。

二節　精神の充実を得る

1　生きる充実を得る

▼この地上で働くこと以上に、人に幸福を与えるものはない。天命に従って精魂込めて働く。そうするならば、快い疲れと共に、「私はやった」との充実感が全身を満たす。そして、「忠実な僕よ、よくやった」（新約聖書・マタイによる福音書25章21、23節）との天の父の喜びが、自らの平安となり、喜悦となって返ってくる。

▼身近にあって確実に得られる幸福は、生活の基盤を偉大な思想に置いて、その指針に従って、弛《たゆ》まず着実に仕事を続けることから得られる。

▼人の幸福は、何もしない退屈の中にあるのではない。自分の心身のすべての投入を必要とする大きな仕事の中にある。

▼仕事は、本来的には富や財を生むために与えられたものではない。高い目的を目指して心震わせて活動するために授けられた手段であり、主からの賜物である。仕事の結果には、到達や獲得と共に、それらを超えた祝福が添えられてくる。また仕事の経過と結果には、溢れるほどの感謝と共に、喜びと充実が付いてくる。

▼人生で健康と生気に満ちている時期こそ、働くべきである。病に陥ったり落胆しているような時には、働きたくても思うように働けない。そのような時期は避けて、働くことのできる限界まで働くなら、その額の汗が結晶となって結ばないことはない。〔コラム5〕

2　仕事の後に幸いを味わう

▼次々に湧《わ》いてくる不断の力と、高揚感に満ちた精神の快活を望むならば、何といっても働くことだ。正しい額の汗は、必ずそれらを約束してくれる。そして日々床に就く前と人生の最後に、その働きは、これ以上ない幸福をプレゼントしてくれる。

▼心安らかな休息と深い眠りを誘う枕を得る方法は、健全な良心に従った有益な仕事に没頭することである。

〔コラム 5〕

◆仕事に果敢に取り組む

私は、配属された部門の担当技術者として、新しいサーミスタ素子を次々と開発していった。これらのために埼玉県の川口にある独身寮へ帰るのに、終バス、終電車を使うことはしばしばであった。聖書には、「怠け者の心は、願い求めても、何も得ない。しかし、勤め働く者の心は、豊かに満たされる」（旧約聖書・箴言 13 章 4 節）とある。私はこれを経験した。

（中略）サーミスタ素子粒を覆うガラス量を調整しコイル状のヒーターを選定したり、白金イリジウム線の太さと長さを調節したり、ガラス管の中へ真空で封じ込めるなど、何度も試行錯誤を繰り返し、構造、条件をしぼり込んでいって、ついに要求された特性の傍熱形サーミスタを創り上げた。私は、これを RSI-6 形サーミスタと名付けた。

（中略）私はこれらの取り組みを通して、世にない新しい製品を開発するには、理論も大切だが、試作と実験および得られたデータがいかに大事であるかを、身をもって体験した。また、未知のものに果敢に挑戦して、新製品を創り上げていく喜びも味わった。

「生気に満ちた時には、働けるだけ働け。額の汗が結晶として結ばぬものはない。」私が経験したのはこれであった。（『満たされた生涯』p.221 ～ 222）

▼与えられた条件と環境の中で、自分に課された仕事に全精力を傾けて働き、成果を目指して走り続ける。すると、次の難しい新たな段階の仕事を任される。これも同じく手を抜くことなく達成させる。この連続の後に定年を迎える。顧みたときに、これまでに起こった各段階のことが、自らの人生に充

実を与える一つひとつであったことを、しみじみと味わう。
これは勤労に励んできた者にのみ与えられる、心のゆとりと豊かさである。

3　課題克服で充足する

▼大きな仕事を任されたときの当初は、どんな協力者や部下があったとしても、難題を前にして孤独を感じ、暗黒に囲まれたような息苦しさに包まれる。しかし、それを成し遂げた後にあっては、母親が今生まれたばかりの我が児を胸に抱いて、先ほどまでの激痛による苦しみは何だったのだろうかと、通過したあの陣痛を忘れるように、成し遂げたことへの達成感と幸福感だけが、胸いっぱいに残る。

▼勤労による天国の先取りという方法がある。情熱を傾けて課題に取り組むという充実である。このような何かのために自分の魂を燃やし尽くすことができるという以上の幸福は、この世にはない。なぜなら生きる命とは、活動と進歩の中に見いだすことができるものだからである。これとは反対の静止と崩壊は、死んだものの常である。〔コラム6〕

▼仕事からくる真の報酬は、金銭ではない。働きからくる充足感である。幸福は、最高賃金の職に就くことから得られるのではなく、充実と満足を与えてくれる職に没頭できることからくる。いのち燃え尽きるまで身命を献げ切って仕事ができること、これ以上の幸福は他にない。

〔コラム 6〕

◆仕事の中の幸せ

人は息をしていても、「生きている」か「死んでいるか」のどちらかである。生きて命あるものは、常に進歩発展し、死んでいるものは、常に静止するか崩壊する。「生きている」人にとっては、人生は常に活動であり、休息や静止ではない。生きている者には、静止は死を意味する。

充実した人生は、勝利や成功の後にのみ来るものではない。日々起こってくる様々な問題に対して果敢に取り組み、解決に熱中している活動の中にも存在する。

主イエスは言われた、「天国は、見られるかたちで来るものではない。また、『ここにある』、『あそこにある』というものでもない。すでにあなたがたのただ中にある」（新約聖書・ルカによる福音書 17 章 20 ～ 21 節参照）と。天国はすでに私たちの心の中に満ち足りたものとして、存在させてくださっている。そこがどんなに苦難に満ちた所であろうとも、イエスが共におられる所、そこは天国である。

主の前にあって、創意と工夫をもって、自分の全存在を挙げつつ、情熱を傾けて課題に取り組む。その課題の成就や解決に魂を燃やし尽くす。そのような活動の中に、生きていることの充実があり、平安がある。これは、この世における勤労による天国の先取りである。

（『満たされた生涯』p.232 ～ 233）

▼心が純粋で単純になるためには、多くの知識を得て、耐え難い苦難をいくつも通り、真の知恵へ到達することが必要である。これを助けてくれる身近な方法が、勤労に力を注ぐことである。

▼高邁深遠にして極めて健全な考え方は、何によって培《つちか》われるであろうか。それは長年月にわたる密室での祈りと、公正で有益な仕事を勤勉にこなすことからである。

▼私たちは、どうしたら人間としてより大きく成長できるであろうか。まず、より高い目標を持つことである。次に、より困難な仕事を持つことである。高ければ高いほど、困難であれば困難であるほど、その目標や仕事は、私たちをより高貴な人物へと成長させてくれる。

▼仕事に熱心に勤《いそ》しむことの長所は、多くの貴重な付随物が伴ってくることである。すなわち、勤勉であるだけなのに、そこには自ずと健康、節制、正直、寛容、柔和などが、富裕と共に豊かに後を追って付いてくる。

5　本来の楽しみにする

▼生きることは活動することである。眠りこけて何もしないことではない。生きていることの証拠は、目覚めて何かに働きかけ、有形無形にかかわらず、何かを作り上げることである。その活動によっ

て、生み、増え、地に満ち、従わせることである（創世記1章28節参照）。

▼働くことが額に汗して働く労働に変わってしまったのは、人が罪を犯してその重荷を負わざるを得なくなってからのことである（創世記3章17～19節参照）。堕罪する以前は、仕事は衣食住のためのものではなかった。使命と主との交わりの充実の中にあって、生きることを歌歌するためのものであった（同2章7～9節）。

そういうわけで、現在であっても、罪を取り除いてもらったキリスト者は、創世の原初に戻り、仕事を楽しみとすることができる。〔コラム7〕

▼人生とは不思議なもので、本当の休息は、テレビを観たりゴロ寝をする中にあるのではなく、有益な活動の中にある。

▼勤労してきた四十年前後の経験から言えることは、この地上の愚かさの一つに、働かずして幸福を求めようとすることがある。娯楽や趣味や気晴らしによってのみ、喜悦を得ようとすることである。これらの娯楽を、仕事の合間にリフレッシュとして用いるなら効果はある。しかし、これらは人に真の充実を与える事柄にはなり得ない。

人に喜悦と充実と爽快を与え、心の底から満足を与えるものは、この地上においては何といっても仕事をすることである。昔の知恵者も次のように言っている、「人はその働きによって楽しむにこし

〔コラム７〕

◆無かった労働と出産の苦しみ

人間に罪が入ってきてしまった結果、人間には２つの苦しみがもたらせることになった。男には労働の苦しみが、女には出産の苦しみが来てしまった。

（中略）この苦しみは「来た」と言うよりも､「～に変わった」と言うほうが当たっている。なぜなら、アダムが罪を犯す前に、「主なる神が人を連れて行ってエデンの園に置き､これを耕させ､これを守らせられた」（創世記２章15節）とある間は､「神は彼らを祝福され、仰せられた。『生めよ。増えよ。地に満ちよ。地を従わせよ』」（同１章28節参照）と言われて、すべてを祝福の中に入れられていたからである。だから、初めの人にとって働くことは、苦痛ではなく、むしろ喜びと充実感のある活動であった。

出産についても同じことが言える。神はエバに「あなたの産みの苦しみを大いに増す｣(同３章16節)と言われたが、祝福を取り去られて、大いに増されなければ苦しみは軽微なものであって、むしろ快い感激のうちに、新生命の誕生に与《あずか》るという喜びのほうが大きかったのではなかろうか。

どちらにしても、人は罪によって労働と出産とを苦痛の難事に変えてしまった。しかし、ここで強く確認しておきたいことは、人が罪から解放されるならば、すなわち主と和解するならば、労働も出産も苦しみではなく、楽しみに変えられるということである。現代の今も、そこに至る道が備えられている。　（『天命に立つ』p.73～74）

た事はない」（旧約聖書・伝道の書３章22節）。

6　貢献で幸いを得る

▼絶えず有益な仕事をすること、それが他の人の何かに役に立つことであるならば、どんなことでもよい。そのような仕事を続けることは、身体と精神を常に健全に保つ最上の方法である。

▼人を幸せにするのは、仕事の種類ではなく、仕事の質であり、仕事への取り組み方である。どんな仕事であれ、自分の生活の糧のために働くのではなく、人々の幸福を願って、自分を献げるようにして働くならば、そこには当然のように、自分にも喜びと充実が返ってくる。そして、為した労苦を凌駕するほどの幸福が、微笑みながら向こうからやってくる。

▼ごく手短にそして確実に、幸福感を得られる方法がある。それは仕事のある生活をすることである。何もすることのない生活ほど空しいものはない。その仕事も、自分のために働かないような活動である。誰かのために働く生活である。誰かに幸せを提供するために働く勤労である。このような生活なら、誰でもすることができる。そして、このような活動は、誰にも生きている喜びを与え、充実感を与えてくれる。

▼仕事をし勤労すること、ここに人が生きていることを確認する原点がある。これをしないことは無活動の死である。ゆえに、人生の終わりに、自分を献げ尽くした仕事による結実を見ないことは、人生

最大の不幸である。〔コラム8〕

〔コラム 8〕

◆労働の祝福

知力と体力と自由が与えられている人に、「働くな」ということは拷問である。必要なすべてのものが備えられ、揃っているから、何もするな、動くな、考えるな、話すな、触れるなというのは、苦痛以外のなにものでもない。それは死である。

何かのために、そして誰かのために、自分の全力を注いで働く。ここに喜びがある。知恵の限界にぶつかり、体力の残余はすでになく、命燃え尽きるまで活動する。ここに人の幸せがある。生涯の不幸とは、人生の終わりに、自分を献げ尽くした仕事の結実を見ないことである。

一日を一所懸命働き、その日の労働を終わらせ、緊張感から解放されて家路に就く。「ああ、今日も、完全とは言えないが、手を抜くことなく、やるべきことは終わらせた」と充実感に満たされる。すがすがしい気持ちで、家族が待つ我が家にたどり着く。心地よい疲れの中に安堵と共に、大きな平安が戻ってくる。これが壮年時代の私の幸いな日々であった。

幸福とは、仕事を持たずに遊んで暮らすことでもなければ、美味と快楽を飽きるほどに享受することでもない。苦難の連続であったとしても、何かに献げるために、全力と全霊をもって事に当たり、その結果、一つのことをやり遂げた充実感を味わいつつ、疲労の中にも平安をもって、深い眠りに就くことである。(『満たされた生涯』p.359 ～ 360)

三節　精励で充足を得る

1　喜ばれることをして健康を得る

▼いつも憂いの中にあって、「私には楽しみがない」と言い、暗い顔をして下を向いて日々歩んでいる人に、共通して言えることがある。彼らは何か隣人のためにしてあげるという働きを持っていないということである。人はどんなことでもよいから、他人から喜ばれる何か、人々に役に立つ何かをしているときには、憂いなどは全く無縁で、快活にしていられる。

幸福になりたければ、使命に立って働くことである。病弱顔な不健康な人に欠如しているものは、彼らに、力一杯働くことのできる楽しみがないことである。

▼次の二つの要素を持つ仕事は、幸福の基《もとい》である。すなわち、

①それをすることは人々が喜んでくれる。

②それをすることによって、神は祝福を与えてくださる。

▼一生涯を失敗に終わらせる原因は、有益な仕事を持たないことにある。その仕事は多過ぎでも少な過ぎてもいけない。実力を超えたり過労は心身を壊す。少な過ぎればそれだけ充実感が削がれる。

▼①不健康で早死にする方法もあれば、②心身を壮健に保って長生きする方法もある。①前者の秘訣は有用な仕事を持たずに、少しでも多く快楽を求め、不規則な生活を続けることである。②後者の秘訣は、有益な仕事を毎日規則正しく果たすことである。

①に関連してだが、仕事を持たないために、自らの生を閉じようとする時機を迎えて、一生の成果を見ずに世を去ることほど、この地上での不幸はない。〔コラム9〕

〔コラム9〕

◆働く喜び

働くことの喜びは、自分で実際に働くことから知り得る。自分の身と心で実際に体験することから、働くことには喜びがあることを確証し得る。仕事を持っていても、身を入れて働かない者は、労働の祝福を実感できない。

真の休息と平安は、心身を全く働かさないことから来るのではない。適度で統制された秩序ある活動から得られる。

有益な活動によって得られる快い疲れ以上に、この世で与えられる最上の幸福はない。心乱れず平安のうちに休息を得る。だが、怠け者には深い熟睡さえ許されない。

私は、不健康で早死にする方法を知っている。有益な仕事を持たずに、少しでも多く快楽を求め、不規則な生活を続けることである。しかしまた、心身を壮健に保ち、長生きする秘訣も知っている。有益な仕事を毎日規則正しくすることである。この地上の最高の不幸な者は、仕事を持たないために、一生の終わりに、その成果を見ずに死ぬ者である。　（『天命に立つ』p.481）

▼失意あるいは落胆を回復させる手段がある。働くことである。それも人々のために、犠牲的に、報いを求めないで働くことである。働いている間に元気を取り戻す。そればかりか気付いたときには、自分が勇気をもって希望のうちに働いていることを見いだす。

2　日々勉励で幸せを得る

▼人生を幸福に過ごそうと願うならば、仕事を持つことである。それも、思考と工夫を必要とする難事の仕事をである。人に不満足しか与えないものの筆頭に挙げられるものは、「退屈」というものである。また暇つぶしだけで過ごした一日は、何とも言えない空しさだけが残る。

それに比べて、細かいことにはとてもかかずらってはいられないほどに、大事な仕事に力を傾けた一日は、満たされた充実感と平安のうちに快い疲れを与えてくれる。だから幸いな日々を過ごしたければ、精出し勤むことである。これに勝る喜悦はない。

▼「六日の間働いてあなたのすべての業をせよ」(出エジプト記20章8節)と主が命じられるのは、生活の糧を得るだけのためではない。そこから充実という幸福を得るためである。神は、私たちが六日間精魂込めて一生懸命に働いた場合、そこに「私はやった」との充実の祝福を与えてくださる。それは一日の仕事に限らない。私たちの一生についても同じことが言える。その成果が不十分に終わったとしてもである。自分の最善を尽くした者へは、充実という賜物に添えて、そこへ来るまでの過程に対

して、主は「よくやった」との祝福を与えてくださるからである。〔コラム10〕

▼健康を保つ最上の方法は、スポーツを続けることでも、健康食品を摂ることでもない。六日間を規則正しく、精魂込めて働くことである。六日間を仕事に没頭し、あとの一日を礼拝に当てる者は、肉体

〔コラム 10〕

◆六日間で全ての業をせよ

十戒の第四戒にある「安息日を覚えて、これを聖とせよ」（出エジプト記 20 章 8 節）とはどういう意味であろうか。この戒めを補って、続く 9 節に「六日間働いて、あなたのすべての業をせよ」とある。七日目の聖なる安息日のために、六日間は精魂込めて働きなさいと教示している。

（中略）私たちは、六日の間は全力を注いで業をなし、すべてにわたって悔いない働きをするべきである。その日の仕事はその日のうちにやり終え、翌日に回さない。同じく、六日間にすべき業を七日目に回さない。それは私たちの幸いのためである。六日の間夢中になって働いて、自分に課されたすべての業を終えて、得る充実感は、主からの賜物でありプレゼントである。そこにある充実と満足感は、一日や一週間に限らず、一生においても同じことが言える。

この喜びを知らない人は、毎日をもったいなくも無為に過ごしている。それだから日々の生活に満足がなく、不平と不満に引き回されている。六日間がこの状態であるから、七日目も精神的な疲れによって起き上がれない。

（『天命に立つ』p.174 ～ 175）

［コラム11］

◆快い床に就く労働

私にとって、働くことは祝福であった。「顔に汗して働く」（創世記３章19節）ような苦痛ではなかった。一日をあるいは一生を、無為に過ごすことこそ苦痛であり、刑罰だと思った。

（中略）仕事の最高の報酬は、それによって我々が何かを得るということ以上に、有益な仕事を続けることによって、快活な精神を得られることと、それに加えて、快い熟睡を与えられることである。

（『満たされた生涯』p.359～360）

も精神も、常にこの上なく健康に保たれる。

▼困難の中にあっても、何かに自分を献げるために全身全霊をもって取り組み、やり遂げた充実感を心底与えられること、ここに仕事からくる幸福がある。有益な仕事を続ける報酬は、日々の快活な精神を高く保持できることである。〔コラム11〕

３　達成で充実を得る

▼人生で最も実りのない生活をする方法は、仕事を持たないことである。「私は人生でこのことをした」という仕事を持つことは、生涯を最も幸いに満ちたものにする。人生は、働くという活動の中に

充実という喜びを見いだすようにできている。だから自分を不幸者にしようとする最短の道は、生涯にわたって人々に貢献する仕事を持たないことである。〔コラム12〕

▼人生での最大の不幸は、余命いくばくもなくなった時期を迎えて、自らを振り返ってみて、「私はこのことをした、この仕事をして、十分に働くことができた」との実感を抱くことができないことであ

〔コラム 12〕

◆仕事に精出しての充実

私は、無目的に無闇にただ働くというのではなく、働くそのことが主からの私への御旨であり、主の前にあって、この地上で私のすべきことであると受け取った。「それは、早くからキリストに望みをおいているわたしたちが、神の栄光をほめたたえる者となるためである」（エペソ人への手紙1章12節）と示されたからである。そういうわけで、私は働くことを神聖なこととして大切にした。

19世紀のドイツの強力な指導者で、「鉄血宰相」と呼ばれたビスマルクは言った、「青年に勧めたいことは、ただ3語に尽きる。すなわち、働け、もっと働け、あくまで働け、これである」と。これは無目的に労働を強制しようとして勧めたのではない。夢と希望をもって働くならば、必ずや未来は開けるし、情熱的かつ献身的に働くならば、有益な仕事を成し遂げることができる。そればかりでなく、働くという活動の中に、充実という喜びを見いだすことができるからこそ、このように勧めたのである。

（『満たされた生涯』p.219）

る。

〔コラム 13〕

◆なすべきことを主に委ねる

箴言16章3～4節に、次のような意味の御言葉がある。「すべてのことにおいて主に委ねて生活しなさい。なすべきことが何であるかを主に問いなさい。委ねて生活するならば、あなたが計画したことは、何であれ必ずそのようになる。主がこの世に存在するようにされたもので、無目的に偶然に置かれたものはない。あなただってそうである。あなたもあなたに与えられた使命に生き、その使命を果たすことによって、主に役立つ者として造られたのである。使命に奮い立ち、意気に感じ、燃えて働きなさい」。「あなたのなすべきことが何であるかを主に委ねて従うならば、あなたの計画したように主が成させてくださる。だから、あなたのしようとしていることの結果について、どうなるのだろうかと思い煩うことなく、すべて主に委ねて、あなたのなすべきことに全力を注いで当たり、実行していきなさい。そうしたらすべてのことは成る」。私はこの言葉に励まされて、壮年期の仕事に精魂を込めて働いた。

壮年期とは、まさに人生の夏の時期である。日照りの下で、汗水流して働き、最も熱く燃えて活動し、成果を築き上げ、果実を実らせる時期である。

（『満たされた生涯』p.386）

▼活力豊かな壮年期ほどに、労苦によって結実を得られる時期は他にない。だからその特徴を次のよう

に言う、「じりじりと、照りつけられるほど実る秋」。〔コラム13〕

4　忠実によって未来を開く

▼その人が霊に満ちた人であるならば、それを見抜いた主人は、彼に全財産の管理と使い方とを任せる。すなわち次のようにである。「主がヨセフと共におられたので、彼は幸運な者となり、その主人は主が彼とともにおられることと、主が彼の手のすることすべてを栄えさせられるのを見た。そこで……彼はヨセフに家をつかさどらせ、持ち物をみな彼の手にゆだねた。……主はヨセフのゆえにそのエジプトびとの家を恵まれた」（創世記39章2～5節参照）。

別の例として、メディヤ人のダリヨス王に仕えるようになったイスラエルからの捕囚民ダニエルについては、次の記述がある。「ダニエルは彼のうちにあるすぐれた霊のゆえに、他のすべての総監および総督たちにまさっていたので、王は彼を立てて全国を治めさせようとした」（旧約聖書・ダニエル書6章3節）。

このようなことは、ヨセフやダニエルだけに起こる事柄ではなく、現代においても、主の霊に満たされ聖霊に導かれる人であるならば、誰にも十分起こり得ることである。その結果は、委ねられた霊の人の手を通して、主人や組織に繁栄がもたらされることになる。

▼人生は、「夢と希望を持って働くならば、必ず未来は開ける」という法則で貫かれている。有益な仕

事を成し遂げるためには、自分の損得を考えず情熱を傾けて、献身的に働くことである。そのような働き方をする者には、その先にこの上ない幸福という報酬が用意されている。これも人生の揺るぎない法則である。（箴言13章4節参照）。

5　ライフワークで充実を得る

▼生涯の本業であるライフワークと言える仕事、それは損得勘定を離れて、自分の生命を注いで、精魂を傾けて打ち込むほどの価値がある仕事である。ライフワークは、そのことのために、この世でたった一つだけ与えられた自分の命を注ぎ込み、その命の使い道として、自分の全存在を捧げ尽くすだけの価値がある。そこにはたとえ困難が山積していても充実がある。苦難は続くけれども満足と平安がある。このライフワークを十分に成し終えたなら、もう死んでも悔いなしと思えるほどの充足感がある。

▼ライフワークとは違った能力を使って、生涯にわたって並行して活動していくセカンド・ライフワークというものがある。ライフワークとセカンド・ライフワークのそれぞれの活動は、異質な知識と知恵を使い、互いに助け合い刺激し合うという相乗効果をもたらすので、どちらのワークにも好結果を与えることになる。ライフワークを成功させたいと願うなら、是非セカンド・ライフワークをも持つことをお勧めする。〔コラム14〕

▼正念場とは、自分の実力を最大限に発揮して、成果を残す場であり時機である。この正念場の働きの結果で、その人の人物の真価が判定される。この意味で、各自の生涯各期のうちの壮年期というのは、人生でのライフワークを成す正念場と言ってよい。この期を逃がして無為に過ごしたとするならば、これに続く老年期では、自らの人生での成果を結実させる機会は、ほとんどないと言ってよい。

〔コラム14〕

◆セカンド・ライフワークの効果

本業であるライフワークとは別に、セカンド・ライフワークを持つことの効果は、同一人の中で両方のワークが互いに刺激し合い、発想を助け、支え合うといった、相乗効果によって人生を豊かにすることである。

本業が外部からの評価によって充実感を与えてくれるのに対し、セカンド・ライフワークは、心の内部からの充実感を与えてくれ、外部と内部からの充実感が相互に刺激し合って、さらに満足感を高めてくれる。

本業が与えてくれるものとしては、目標を攻略した征服感、困難を乗り越えた達成感、責任を果たした安堵感、義務を果たし終えた解放感、それに伴ってくる報酬、高められる地位、人々からの称讃などから来る安心感などがあり、外部からの充実感を与えてくれる。

これに対し、セカンド・ライフワークは、自分だけの世界にあって、真理を究めるとか、美的作品を創作するとか、奉仕や提供によって人々から喜んでもらえるなど、利害関係にいっさい捕らわれないで、内面的に満たされた充実感を与えてくれる。

（『クリスチャン人生　瞑想録』p.60）

第二章　意欲的な働き方

序　生気に満ちた働き

二十二歳で工学部を卒業して、初老の定年を迎えるまでの私の職業人生を顧みるに、毎日の仕事は楽しく、働きにおいてそれなりの成果も残せました。製品開発、品質管理体制施行、電算機業務処理体制の導入、ビジョン経営の展開、目標管理経営の実施、全社の品管システム確立、中国へ新会社設立などです。なぜ仕事が充実しており、かつ会社にも貢献できたのかの要因を振り返ると、いくつかの働き方の要点がありました。それを記してみます。

(1)仕事が楽しく成果も見ることができた最大の要因は、働く動機が「食うために働く」のではなく、「働くために食う」であったことです。すなわち、どんな時も生活の必要から働くのではなく、仕事を通して主の栄光を現す、という使命感から働きました。それは、救いを受けた時の「御子によって賜わった栄光ある恵みを、わたしたちがほめたたえるためである」（エペソ人への手紙1章6節）と、天から示されたことによります。

⑵次の要因としては、私は主や隣人を愛するために働くのであって、その手段として仕事を用いさせていただいたことです。自己実現をも含めて、決して何か自分の欲求を満たすために働くことはしませんでした。

主の栄光を現し、人々を愛するために仕事をするのですから、会社発展に必ず寄与すると推測できる経営方策は、自分の年齢や経験・職位にかかわらず、積極的に提案し、承認されれば、直ちに果敢に全社に向けて実施していきました。

⑶第三の要因としては、「神が共にいて下さる」（出エジプト記3章12節参照）との約束を得ていたことです。ですから、どんな困難や妨害が来ても怖《おじ》けることなく、無力で経験不足の自分の力量を見ることもなく、各種の課題に挑戦し、また「これはできる、主が、必ず成功させてくださる」との確信をもって、方策推進に取り組んでいきました。

そんなわけですから、仕事への報いや評価は、周囲の人々や上司に求めるのではなく、信頼した主に求めていきました。さらに、働きの結果に一喜一憂することなく、成功しても有頂天にならず、困難に直面しても失望せず、失敗しても落胆することはありませんでした。ただ自分は全力を尽くしただろうかということだけに心を配り、結果の成否は委ねて主に期待しました。

⑷長年月にわたって疲れを知らずに働くことができたのは、これらの要因に支えられ、情熱を抱きつつ目標に向かって走り続けることができたからだと思います。

一節　使命へ貢献する

1　召命の応答として仕事する

▼人が労働することの原点は、

①人間が生きる地球という場所に、人が必要とする完成物ではなく、原料というかたちで与えられたこと、

②地上の存在物に人が秩序を与えるようにと、命じられ委ねられていること（創世記1章28節参照）にある。

①地から取り出し、加工し、分配しなければ、人間に行き渡らないことは、人に仕事をすることを求める。

②そして、人が快適に永続的に暮らしていくためには、共に地上に存在する動物植物から環境に至るまで、それぞれが平和で最大効果を発揮できるように、人が置き直し組み直して、秩序を与えてやる必要がある。ここに人が働くことの原点がある。〔コラム15〕

▼資本主義がキリスト教圏に芽生える初期に、職業はベルーフ（〔独〕召命）として召し出されたことに応じることであると理解された〔マックス・ウェーバー、マルチン・ルター〕。天職に就くことは、

このように召命への応答であると考える根拠は、次のように展開される。

愛なる神が愛を実現させるために、神に代わり得る対象として人を創造し、神の像《かたち》に創造された

〔コラム15〕

◆労働の原点

私は働く理由を創世記1章に見た。その28節に、「生めよ、ふえよ、地に満ちよ、地を従わせよ。また海の魚と、空の鳥と、地に動くすべての生き物とを治めよ」とある。

「地を従わせ、治める」とは、専制君主のように、勝手気《き》儘《まま》に思いどおりに使用し、支配服従させることではない。治めるとは、秩序を保って、対象物をいつくしみつつ、それが能力を最大限に発揮できる最適な場所へ置き直してやり、活き活きと活動させることである。

主は、人がすぐ使うことができ、食べられ、着られるような完成された物の形では、人へお与えにならなかった。元素、原料とういう形で、この地球上に与えられた。地中、地表、大気中、水の中に与えられた。それらを使って、治めつつ従わせつつ、人間が有用な物にまで変えていくようにと、備えられた。

これらの原料を元にして、人は、与えられた知恵と才能と自由を使って、人が使える有用なものにまで取り出し、育て、仕上げていく。ここに人が働くことの基本的な意味と理由がある。これらの活動を側面から組織的に支え、人に快適さを与えるものとして、文化、教育、サービスなどがある。

（『満たされた生涯』p.358～359）

（創世記1章27節参照）。神の像の本質は、人の内に神的交友座である霊を備えて、神と交流できる者にされたことである。その神のかたちに、「生めよ、ふえよ、地に満ちよ、地を従わせよ。また海の魚と、空の鳥と、地に動くすべての生き物とを治めよ」（同1章28節）と命ぜられ、「主なる神は人を連れて行ってエデンの園に置き、これを耕させ、これを守らせられた」（同2章15節）。

人はエデンの園で神から委ねられたとおりに、耕やし、従わせ、治め、守ることによって、神の御言葉に従順に応答した。このように、創造主の御言葉を受けてそれに応答する行動をとること、これは信頼して信じ受け入れる信仰そのものであり、応答としての行動は、神への礼拝であり神への献身である。

このような姿勢で仕事をすることは、神からの召命への応答であり、礼拝であり、献身の表明である。そして、働くことは神の御旨に沿った行為であり、神と被造物への奉仕であると考えられ得る。これが仕事をベルーフとする考え方である。

2　献げる行為として仕事をする

▼主が人をご自分に似せて創られた目的の一つに、「文化命令」と称される委託がある。すなわち、主に代わって管理者として地を治めることである（創世記1章28節参照）。この命令に従う管理者は、委託した主人の意向に沿うように、世界から対象物を取り出し、手を加え、守る。そして委ねられた事物に秩序を与え、かつ個々の事物の特長、能力が最大限に発揮できるようにと導き、配置し直す。仕

事をするということは、この文化命令に従うことである。〔コラム16〕

▼「わたしの兄弟であるこれらの最も小さい者のひとりにしたのは、すなわち、わたしにしたのである」（マタイによる福音書25章40節）。この「わたしにした」と言われる事柄は、どのようにすることによって可能であろうか。その一つの方法は、自分に与えられた職業を通して、その働きによって、あるいはその働きから得た各種の結果を、「小さい者」へ還元することによって可能である。このようなプロテスタント倫理による職業観は、主に喜ばれることとして、近代資本主義の萌芽のきっかけと

〔コラム16〕

◆地の管理人としての人間

主が人を創造された目的は、愛をもって主と互いに交わる対象として創られただけでなく、もう一つの目的があった。その第2の創造の目的は、主が創造された被造物を、主に代わって人に管理させることであった。

（中略）主が創造されたすべてのものは、はなはだ良かった（創世記1章31節参照）。これを保ち、地を従わせ、治める管理人として、主は人を創造された。

（中略）主が人に「従わせよ」、「治めよ」（同1章28節）と命令されることが示すように、被造物の全所有権は、主にある。人にあるのではない。人は所有者ではなく、治めることを委託された管理人である。管理を委託された者は、主人の意向に沿った治め方をしてはじめて、正しく管理したことになる。

（『クリスチャン人生　瞑想録』p.38）

〔コラム 17〕

◆資本主義の萌芽

20 世紀初頭前後に活躍したドイツの社会科学者マックス・ウェーバーは、その有名な著書『プロテスタンティズムの倫理と資本主義の精神』で、近代資本主義がどのように芽を出してきたかを、次のように述べた。

近代ヨーロッパの資本主義が成立する以前において、宗教改革者ルターの示した「職業召命観」は、これを受け入れたカルヴァン派の人々の「恩寵による撰びの説教」によって徹底された。これらを信じる民衆は、自分が救いに定められた者であり、恩寵によって聖別された者であることを確認しようとして、現世での自分の職業に注力するとともに、隣人愛を日々実践していった。

「自分を愛するようにあなたの隣り人を愛せよ」(マタイによる福音書 22 章 39 節)と教示される隣人愛を現す方法として、人々は自らに与えられた職業を「天職」と考えるようになった。主の目から見て価値の高い生活は、世俗そのもののただ中における聖潔な職業生活、これこそが主から各人に使命として与えられた、聖意にかなう大切な営みなのだ、と確信するに至った。

(中略)これに「天に宝を積みなさい」(同 6 章 19 節)との戒めに従うことからくる節約、倹約の世俗内的禁欲が加わって、勤勉がもたらした利益は浪費されず、当然の結果として富が蓄積され増大していった。倹約の精神の下にある富は、無駄なことには消費されずに、隣人愛の実践としての次の仕事に再投資され、いっそう大きな富をもたらし、資本主義が形成されていった。

(『天命に立つ』p.476 ～ 477)

なった。〔コラム17〕

3　自分の使命に集中する

▼人はどんなことをも実行する可能性を持っている。だが欲したからといって自分ですべてのことをするわけにはいかない。また、あれもこれもするのが良いわけでもない。重要なことは、自分が示され、自分に為せと命じられている義務と責任、すなわち、この世での自分の命を使うべきと指定されている仕事に、全力を注ぐことである。

他の人には他の使命が与えられている。自分には他の人と違った、自分特有の使命が与えられている。それぞれの各人がそれぞれの使命を果たすことによって、世の中は成り立っている。だから主は言われる。「（彼が行っていることに）あなたはなんの係わりがあるか。あなたは、（あなたの使命により）わたしに従ってきなさい」（新約聖書・ヨハネによる福音書21章22節）と。

▼「人の生き方」という学校に学年があるとすれば、最上級のクラスの人々は、どんな生き方をするだろうか。彼は、天命を受けたならば、それから逃げることなく召命に確実に従い、他の誰とも比較することなく、ただひたすらに自分の使命のためだけに、己《おの》が身と魂を献げて、労苦を惜しまずに力を尽くして働く、という生き方をするであろう。

▼自分の使命を完遂するためには、今何をすることが最善かを絶えず考えながら仕事をするならば、その人は、自分にとってのこの世が別世界のような、楽しくてしょうがない世の中に変わるであろうことと請け合いである。

▼健全な精神と体力を保持する最善の方法は、規律と秩序とをもって、使命のために働き続けることである。

4　仕事を通して自分を育成する

▼主はご自身の栄光のために、使徒たちをこの世の各地に派遣される。派遣されることは、宣教だけにあるのではない。すべての勤労者は、各自それぞれの天職に派遣されている。

仕事は、社会の人々が互いに助け合い支え合うための、人間に与えられた責任である。人は神から各自に分担された天職によって、この責任を果たす。

「働かざる者、食うべからず」（新約聖書・テサロニケ人への第二の手紙3章10節、文語訳）とまで、厳しく命ぜられている。自分は楽をして他の人が働いて得たものをかすめ取ったり、遊んで暮らす怠惰な者には、「自分の手で正当な働きをしなさい」（エペソ人への手紙4章28節）と戒命されている。主イエス・キリストも、働き続けるご自身を指して、次のように言われた。「わたしの（天の）父は今に至るまで働いておられる。わたしも働くのである」（ヨハネによる福音書5章17節）。このように、働くということは、生きることにおいて貴い基本的な活動である。

人は天の父からの派遣に忠実に従い、自分に与えられた天職を全うすることによって、人格を練磨し、自分の品性を神に近づけていくことができる。

▼仕事を成功に導く一つの秘訣がある。主と共にあって働くことである。これを一日二十四時間、生涯数十年にわたって続けることである。神の道具になりきれる者を、主はそのような人を通して、ご自分の栄光を現される。そして、神は、神を受け入れる人の従順さにしたがって、その人を神の似姿へと造り変えられる。〔コラム18〕

5　貢献によって報いを受ける

▼貢献の度合によって報酬がもたらされる。これが社会の原則である。それゆえに、貢献よりも報酬を欲して仕事をしているような者には、満足のいく十分な報酬は支払われない。しかし、先行すべき貢献に意を用いて働く者には、それに見合うかそれ以上の報酬が後から付いてくる。次のように言われていることは真実であって間違いない、「まず神の国と神の義とを求めなさい。そうすれば、これらのものは、すべて添えて与えられる」（マタイによる福音書6章33節）。

▼勤め先の繁栄を多少でも望んで働く工員や店員、報酬関係だけからは計算せずに働く職人、家族のた

〔コラム18〕

◆仕事の初めと終わりにある祈り

勤労者である私は、生活の一日を礼拝をもって始め、礼拝をもって一日を終え、床に就くことを日課とした。朝起床して身支度を済ませると、家族と会話を交わす前に、また朝食を口にする前に、まず書斎に入り、聖書を開いて静まり、霊の糧である御言葉をいただいた。そして祈って守りと導きを願った。そうした後に一日の行動を開始した。

寝る前には、どんなに遅い時間になっていて、どんなに疲れていても、御言葉を聞き、感謝の祈りを捧げ、明日の導きを祈った。これをせずに床に就くことはなかった。

人は、知力にも体力にも経験にも限りがある。したがって、全能の主に自分を明け渡し、自分を使っていただけるように願い、全き服従をもってキリストの僕に徹するように努めることが最善である。なぜなら、主の栄光を現す道具になり切ろうとする者には、主はその者の上に主の栄光を現してくださるからである。主は、主を受け入れる人物の従順さにしたがって、人物を完成される。　（『満たされた生涯』p.365）

めにせっせと働く母親、あるいは教え子の将来を夢みて教鞭をとる教師。こういう人々と比較して、裕福だからという理由で働かない怠け者と、どちらが幸福を実感するだろうか。言うまでもないことである。幸せである前者の彼らに共通していることは、決して自分のためだけに働くことをせず、誰かのために働いていることである。

▼仕事の動機には二種類ある。一つは生活維持のため、もう一つは献身のためである。それぞれに特徴があって、前者は常に自分が中心になっていて、働くことに痛れやすく長続きしない。もう一方は、人々のためや主の栄光のためとして働くので、痛れを知らず、長期にわたって充実しており、飽きる

〔コラム 19〕

◆働く２つの動機

働くことの動機には、大きく分けて２つある。低いほうの動機は欲望であり、高いほうの動機は使命である。

低劣な動機から働く者は、報酬や名誉や地位を求める。しかし、高尚な動機から働く者は、働くことそのものを求める。それは、自分のために働くのではなく、愛や強い責任感から出発しているからである。

（中略）低い動機から働く者は、いちいち成功すれば有頂天になり、失敗すればひどく落胆する。しかし、高い動機から働く者は、事の成否で一喜一憂することなく、変わることのない情熱と、不屈の闘志をもって、目標に向かって歩み続ける。なぜなら、結果の成否は、使命を与えた方《かた》が責任を持って成してくださり、報いはその方が下さることを知っているからである。

低い動機の者は、興が乗れば働き、乗らなければ他のことに手を出す。しかし、高い動機の者は、時や状況が良くても悪くても、いっこうに構わず、働くことをやめない。自分の都合で行動しているのではなく、遣わした方を代表して働いているのであり、そのことをするために献身しているからである。

（『天命に立つ』p.482 ～ 483）

〔コラム 20〕

◆異動を活かす

私は、入社して２年が経った頃、意に反した異動があった。今まで学んできた知識や興味を活かせる技術の係から、他の人が造った製品を確認する検査の係へと配属替えになった。

（中略）それでも、私は発想を切り換えた。検査係へ異動させられたなら、検査係でなければできないこと、自分でなければできないことがあるはずだ。それをやろう、と決意を新たにしたのだった。

私は、検査に関連していることで、将来必ずこの会社で必要になり、会社を支えるようなものとなる事柄は何であろうかと考えた。将来を見通し、会社に役に立ち、重要となる業務は何かと熟考した。会社が自分に命じた仕事だけをするのではなく、また会社から自分にしてもらうことを望むのではなく、自分が会社に献げられるものは何かを考えた。

その結果、この会社に品質管理体制を敷き、品質を重要視する組織に固めていくべきである、との結論に達し、社長の許可を得て、準備を整え、これを全社に実施していった。

（『満たされた生涯』p.223）

ことがない。また、前者は成果や報酬高、評価、名誉などの結果にこだわる。しかし、後者は結果のどうこうには捕らわれず、むしろ働きの経過における自分の熱心さや忠実度に気を使う。〔コラム19〕

6　自己献身で喜びを得る

▼会社の中で、自分に命じられたことだけをしていてはならない。会社が自分にしてくれるだろうことに望みを置いてはならない。仕事をする上で重要なことは、「私は会社のために何を献げることができるか」を、常に働きの姿勢の中心に置くことである。〔コラム20〕

▼会社から受益することのみに願望を置いて働く、そのような者に待っているのは労苦だけである。だが報いに対しては無頓着になり、ただ人々に役立つことだけを喜びとし、自分を献げて働く者に待っているのは、主からの富と栄光である。〔コラム21〕

〔コラム21〕

◆主から来る報い

　世からの報いを期待せず、自分を献げ、自分を投入する者には、主からの富と栄光がくる。しかし、努力に見合う分の報酬を期待して働く者には、その報酬からさえも逃げられる。報いおよび人からの評価に死にきれず、受益することばかりを望んで働く者に待っていることは、富でも誉れでもなく、労苦だけである。

　「勤勉な人の計画は、ついにその人を豊かにする。すべて怠る者は、貧しくなる」と箴言21章5節に教示されている。これも主の前にある世界にとって、真理である。

（『満たされた生涯』p.226）

▼「あなたの仕事の仕方は、本当にその取り組み方でよいのだろうか」と問い、働き方に助言を与える意味で証詞する。すなわち、私は仕事人生で、金が得られさえすればよいという働き方はしなかった。身体は事業に精励しつつも、精神は天上界の事柄に献げることに用いた。その結果は、ありがたいことに心身共に幸いを受けることになった。仕事は、生活費を稼ぐとか財産を増やすなどの金品のためにしないほうがよい。人々に喜びを提供するために、自分のできる限りの精力を投入したほうが、仕事が楽しくなる。また、身辺が豊かになり、心も満たされるという両方の富財も一緒に付いてくる。

▼酒宴の席で老いた社長に、「次期社長には私を」と壮語した男がいた。あずかる部門に利益をもたらした男であった。別のもう一人は、酒を口にせずしゃしゃり出ることもなく、日々こつこつと仕事を積み上げ、全部門に長期にわたって利益をもたらす構想を展開する男であった。時至って社長に推されたのは後者の人物であった。これは自己を中心にしたか、会社に献身したかの姿勢の違いである。

二節　仕事を楽しむ

1　取り組み方で楽しみに変える

▼仕事を趣味やゲームのような楽しみにしてしまう方法がある。それは、指示された仕事だけをするの

ではなく、その仕事の中に自分なりの課題を造り出し、それを征服するようにすることである。自分のアイデアと創意工夫によって、誰もやっていない新しいことを仕事の中に作り出し、それを提供することによって、多くの人々に喜んでもらうことである。

人から与えられ押し付けられ、目標の成果を求められるだけの仕事をするのは、疲労を覚える。しかし、自分で考え出し、自分で定めた目標に向かってする仕事は、楽しくて止《や》められない。

▼仕事を楽しくする方法がある。確かに、配属された部署のすべき仕事は誰にも定まっている。その決まっている仕事内容を、毎日同じように繰り返していたのでは、自分が仕事に追い立てられているようなもので、全く面白くない。それならどうしたら楽しくできるようになるだろうか。それには、「このやり方でいいのか」、「もっと良い方法があるのではないか」、「もっと楽に効率よくする方法はないか」と、毎日仕事をしている最中に考え、実験適用し、工夫によって昨日よりも今日、今日よりも明日と良くして、改良改善を重ねたり、全く新しい方法でやってみることである。すなわち、仕事の目的は同じとしても、それを作り出し達成する方法を変えたり、関連した新しい発想から別の仕事を創り出していくことである。自分が仕事の主人になってしまえば、働くことが楽しみに変わってくる。

▼仕事は、気の持ち方や取り組み方で、労働にもなれば楽しみにもなる。働かされれば労働になるが、自分から働けば楽しみになる。時間的制約を受けノルマが規定されれば労働になるが、時間配分を自分で決め、目標を自分で定めれば楽しみになる。

どうしたらそのようにすることができるか。人から提示される前に、自分で働き出すことである。他人の考えで行動させられる前に、自分の創意、工夫で働けるように発案し、提案して受け入れさせることである。割り当てられる前に、自分にやらせてくれと申し出ることである。

仕事は、働き方によって、遊興以上の楽しみが含まれている事柄に変えることができる。

▼仕事を楽しい事にするコツがある。それは何のために仕事をするのか、その優先順位を間違わずにすることである。第一は主のため、第二は人のため、第三は自分のためである。

多くの人々はこれを逆にして仕事を労働にしてしまっている。額に汗してパンを得ている。自分のために働いたら、仕事はできるだけ逃れたい苦痛の源となる。隣人のため、隣人を愛し、隣人を豊かにし、人々を快適にするために仕事をするならば、仕事は楽になる。さらに、これを主に献げ、主に喜ばれ、主の栄光を現すために働くというようになれば、その仕事は喜びの源泉となり、生き甲斐そのものになる。

2　仕事を趣味にして取り組む

▼遊びやゲームは、どんなにやっても疲れないし、そこから見返りの報酬を求めることもしない。時間が経つのさえ忘れる。仕事も、それを自分の趣味やゲームにしてしまえば、仕事をしても疲れないし、仕事そのものが楽しい。

▼どんなことも、自分が主人公になって積極的に行動するときには、楽しいものである。それだから、どんなことにも他人の僕になり切らず、自分が主導権を取るようにすればよい。

キリストの僕として、肉による主人に心より仕え、報いは人からではなく主に期待するという働き方（エペソ人への手紙6章5～8節参照）は、この働き方である。

三節　前向きに働く

1　憂えず積極的に働く

▼誰にも負けない努力を続けた者だけが、誰にも負けない仕事人になる。そして誰にも負けない作品を創り出す。そこに歩みの速度は問題ではない。重要なことは、コツコツと陰日向なく続けることである。他の人々が楽をしたり寝ている間にも、学習や鍛錬を怠らず、委ねられた仕事に脇目も振らず専念することである。そうしたならば、秀でた練達者にならない訳がない。

▼どんな偉大な仕事も、今日一日の仕事の積み重ねでできている。今日一日を決して疎《おろそ》かにしてはならない。今日一日のあなたの勤勉が、あなたの生涯がどんなものであるかを決定する。〔コラム22〕

〔コラム22〕

◆今日一日の仕事を大切にする

日々の次々に来る仕事には、確かに手を付けにくい部分がある。また、難しそうに見えたり、まだ経験したことのない内容の仕事もある。困難な仕事ほど、周囲から眺めるだけに停まりやすく、踏み込みにくい。

しかし、偉大な仕事と言われるものも、今日一日の仕事の積み重ねでできている。堅固な石垣でさえ、今日一日で積み上げる一つひとつの石塊ででき上がっていく。

今自分の目の前にある今日の仕事に精力を注ぎ、終わらさねばならない。今日一日の勤勉が、未来のすべてを約束する。(『天命に立つ』p.485)

▼成功する者は、平社員の頃から、上司を使うのが上手である。自分の構想していることを上司の権限に乗せて実現する。参謀となって社長の代わりさえする。

▼有能で将来有望な管理職者は、自分の上司の弱みを補い、強みを生かそうとする。この逆を決してしようとはしない。

2　勇気をもって提題する

▼「出る杭は打たれる」として、一般には、自分の地位を越えて進言しないのが無難であり、慎みある

人と評価される。しかし、真に大志ある人は、職位を越えて改革案を提起するものである。

▼経営会議の居並ぶ重役十人の前で、若輩で末席の役員から、現在の経営方法を批判され、新提案まで出されて、カッとならない議長の社長がいるだろうか。ましてや、それから一日挟んだ月曜日に文書で再提出された提案に目を通して、翌火曜日早々には自ら電話して、「もう少し詳しく君の提案を聞きたいと思っていた」とその役員を社長室へ召じ入れ、提案内容を了解した後に、それを実施するように提言者に指示を出すようなトップは、そうそういるものではない。人間のできた度量の大きい社長でなかったらできることではない。また、その提案が真剣で高質なものであるからこそ詳しく検討して受け入れ、実施を指示することができたに違いない。

その社長というのが、㈱芝浦電子の創業者の北村健三氏であり、その末席若輩役員というのが私であった。〔コラム23〕

3　前向きに受け取って働く

▼組織の中にあって、専門外だからとか未経験だからといって、新しい職種に就くことを避けてはならない。辞退してはならない。その異動は摂理の中に入れられている良いチャンスかもしれない。自分にはその職種についての何の知識も能力もなく、就いたとしても上手にやっていくだけの自信がたとえなくても、キリスト者には主が常についていていてくださり、配慮して導きと助力を与えてくださると

の強みがあるからである。〔コラム24〕

〔コラム23〕

◆改革案の提出

私の最大の強みは、一度も失敗しないことではなく、何度倒れても起き上がることができる力を、主によって与えられていることである。

私は、会社の実状をつぶさに見るにつけ、「これではまずい」との思いにかられた。そこで、10人の役員中最年少で末席を温める身ではあったが、取締役会に改革案を提案した。

（中略）結果は危惧したとおり、社長からは「これまでの会社の状況は十分承知している。君からそんなことを言われる筋合いはない」と一蹴され、先輩役員方からは、「なにを若造が」というような白眼でにらみつけられた。

（中略）それでも私はめげることなく、帰宅後に数ページにわたって改革の具体的提案をまとめ、資料やグラフを添付して、社長室をノックした。これに目を通した社長から、翌日私に電話が入った。「君の考えに間違いはない」、「大変結構なことだ」、「君の発言内容の詳細を知りたいと思っていたところだった。ありがとう」、「君に失礼なことを言ったかもしれない。提案されている各種方策をどんどん進めていってほしい。」

私は意を強くして、これらの一つひとつを経営計画に落とし込み、具体的に進めていった。

（『満たされた生涯』p.387 ～ 390）

〔コラム 24〕

◆営業職を達成

私が 45 歳の時に取締役営業部長を命ぜられた。今まで営業としての仕事は一度もしたことがなく、営業マンの経験もない。その私が営業担当の最高責任者を任ぜられたのである。その上位には社長しかいない。全社の売上げ成績がかかる重大な職である。

全く営業の経験がない私が営業の責任者に任ぜられた理由の一つは、今まで営業専門にやってきたベテラン部長が私を推薦したことであり、もう一つは、社長が「彼にそろそろ営業職も経験させておこうか」と推薦に同意したためであると理解した。

働くことへの私の主義は、「どんな仕事であっても選ばずに挑戦していく」であり、まして「未経験だからといって、命ぜられたことを臆して辞退するようなことはしない」である。知識も能力も自信もない自分ではあるが、今回も主が共にいて助けてくださるであろうと信じて、従うことにした。

「あなたがたのうち、知恵に不足している者は、とがめもせずに惜しみなくすべての人に与える神に、願い求めるがよい。そうすれば、与えられるであろう」（新約聖書・ヤコブの手紙 1 章 5 節）、この御言葉を信じたのである。

日本の地方数か所にある営業所を含め、配属されている営業部員全員を統率して意欲を引き出し、海外営業所にも出向いて顧客に協力・指導し、市場開拓に力を入れ、開発すべき新製品を提案し、代理店育成やユーザーへのサービスを向上させるなどをした。その結果は総売上高が伸びていった。

（『満たされた生涯』p.390 ～ 392）

▼何事も善意に受け止めることは、自分に悪意をもってしてきた相手を変えてしまうだけでなく、好結果さえ生み出す。私が体験したいくつかの例を以下に示すと、

(1)数年経ってから役員だった同僚に、「あれはあなたを本社から追い出すための左遷だったのだよ」と言われて、私はエッと驚き、にわかにはそれを信じられなかった。なぜなら、事業の初めに辞令を受け取った時には、栄転だと思って新任地へ勇んで赴き、張り切って責任者としての仕事を次々に果たしていった。それで好結果を生み出すことになった。本社の社長室付き取締役から、地方の子会社社長を任ぜられた時のことであった。

(2)もう一つの経験としては、難題の大仕事を与えて失敗させ、私を引きずり落とそうと画策したのかもしれないが、私自身さえ能力的に不可能と思えるような企業創業を異国の地・中国に成功させてしまった。その時にも前向きに受け取って、「この仕事は彼しかできない。彼ならやってくれるだろう」と期待され、私を信頼して送り出してくれたのだと確信して新地へ赴いた。そして、難なく新会社を立て上げ、操業に漕ぎつけてしまった。

(3)その他では、定年が近い私を希望退職に追い込むための策謀であったのかもしれないが、「(子会社が操業している)あの国(タイ)へ行って働いてくれ」とあったので、私が嫌がるどころか、気力を漲《みなぎ》らせて出て行くための準備を着々と進めていたところ、提起した本人が慌てて、「状況が変わった。行かなくてよい」と引っ込めた。

仕事においても、何事も善意に受け取って前向きに行動することは、悪意さえも善事に、失敗さえも成功に変えてしまう力がある。

第三章　適切な仕事方法

序　主の僕として働く

生活に幸福をもたらし、事業に成功する働き方があります。私が職業人生で体験した方法を紹介します。この方法は、私の二十二歳の働き始めから定年を迎えるまでの間、仕事をしていく上で私の中心にあった揺ぎない指針です。

その結果は、言うことなしの、これ以上ないだろうような、満たされた生涯をプレゼントされることになりました。

社会に出るようになって間もなく示された、次の御言葉に従ったのです。「僕たる者よ。キリストに従うように、恐れおののきつつ、真心をこめて、肉による主人に従いなさい。人にへつらおうとして目先だけの勤めをするのではなく、キリストの僕として心から神の御旨を行い、人にではなく主に仕えるように、快く仕えなさい。あなたがたが知っているとおり、だれでも良いことを行えば、僕であれ、自由人であれ、それに相当する報いを、それぞれ主から受けるであろう」（エペソ人への手紙6章5～8節）。

幸福と成功をもたらす働き方のポイントを要約すると、次の三つになります。

(1)《上司や社長に真心を込めて従いました》。それもキリストに従うようにです。信頼と服従と忠実をもって、主に仕えるようにして働きました。

(2)なぜそうしたかと言うと、《自分はキリストの僕としてこの会社へ派遣されている者である》と意識していたからです。私が仕事を通して主の栄光を現す(コリント人への第一の手紙10章31節参照)ためでした。ですから、陰日向があったりへつらうような働き方はしませんでした。常に心から主の御旨を行うようにして、全力を注いで快く仕えました。

(3)このように働くことをしても、その《報いを人には求めませんでした。主から受けることだけを望みました》。そういうわけで、昇給や賞与や配属などについての人の評価は、いっさい気にしませんでした。むしろ自分が働くことにおいて、主の前に忠実であったか、御心に従ったか、力の出し惜しみをするようなことはなかったか、に心を配りました。

この三要点の働き方をしていたら、人からも当然報いは来ます。主が約束してくださったことは、真実そのとおり私の身に成就し、主からの富と光栄がやってきて、豊かに実を結びました。

一節　適切に勤しむ

1　鶏口のほうを選ぶ

▼どこで教えられたか、私は中学生の時には「鶏口牛後」という言葉を知っていた。「強大な者に付き従って使われる者になったり、大組織の中で鳴かず飛ばずの一生を送るよりも、中小組織でもよいから、そのトップとなって、思う存分、自分の腕を振るったほうがよい」との意味である。

非才の私は、この言葉に常に励まされた。学区最難関高校受験に失敗したときや第一志望の大学に入れなかったとき、あるいは就職で中堅企業に行かなければならなかったときなどである。

私に与えられた組織や立場は、牛後とならないようにと、主の私への最善の配慮であると受け取った。ゆえに発奮して、そこでのトップになろうと決心し、そのように努めた。その結果、そこで自分の持てる能力を十分に発揮することができた。たとえば、高校では全校ホームルーム委員長、また、中堅企業の一社員である私が、扱っている製品が特殊品であることも手伝って、大企業の技術者に集って来ていただいて論議し、定めるべき日本規格（ＪＩＳ）を制定し、その後に世界規格（ＩＥＣ）を日本代表として国際提案できたのも、その一例である。

人は一般に牛後となって埋もれてしまう場合が多い。それよりも、むしろ自分には小さ過ぎるのではないかと思われるぐらいの組織に入って、思う存分自分の才能を活かしつつ活躍したほうが、自ら

〔コラム25〕

◆鶏口牛後の適用

紀元前1〜2世紀の中国の漢の時代に司馬遷という人がいて、中国古典の一つに数えられる『史記』という本を書いた。その『史記』の中に「むしろ鶏口となるも牛後となるなかれ」という警鐘句がある。「鶏口」とは鶏の口を意味して、小さな組織の長をたとえている。また「牛後」は大きな牛の尻を意味して、強大なものに付き従って使われる者を指している。その言わんとするところは、「大きな組織の末端にいるよりは、小さな組織でもいいから、その長になっていたほうがよい」ということである。

私は、単に「鶏口牛後」と略して言われることもあるこの成句を、次のように理解した。「どんな小さな組織でもよいから、その組織のリーダーになれ。大組織に埋もれて日の目を見ないような、下積みの人間になってはいけない」。私は、この理解を生涯にわたって実践適用した。

(『満たされた生涯』p.99)

の人生を成功に導くことができる。〔コラム25〕

▼人が自分の実力に見合った生き方で、晴ればれと活躍し、それなりの実を残したいと願うならば、次の成語に従うことは、賢い選択である。すなわち、「むしろ、鶏口となるも、牛後となるなかれ」(『史記』)。強大な組織に埋没して、鳴かず飛ばずの働きをするよりも、中小組織でもいいから、その頭《かしら》になって活躍するようになったほうが、その人の真の実力を発揮することができ、隠れた才能さえ引き

出される。

2　効果的な方法で仕事をする

▼自分に課された仕事をするに当たり、時間的な余裕を作り出すコツが二つある。一つは、最重要で絶対にやらねばならない仕事のみに絞って処理することである。第二番目は、やらなくてよい事はしないことである。

こうするだけでも、普通の二、三倍の仕事をすることができるようになる。それだけでなく、天に心を向ける時間の余裕さえ生み出すことができる。

▼私と同じ職場に、机上に何もかも積み上げ、乱雑に置いて仕事している同僚がいた。かと思うと、帰宅時にはきれいさっぱり片付けて引き出しにしまい、机上には何も残っていないという上司もいた。

どちらが良い悪いを言っているのではない。それは本人の性質であり、感覚の問題である。批評する前に、事実ありのままを受け入れることが大切である。それは寛容というものでも放任というものでもない。それは相手を認めることであり、相手の生き方を受け入れることである。

乱雑な彼は、「そのほうが落ち着き、物を捜しやすい。あまりきれいに整理されているのは気持ちが悪い」と言う。整理されている上司は、「真っ暗な中でも、どこに何があるか分かるほどで、気分もさっぱりし、効率が上がる」という。私はどちらかというと上司側であるが、それでも同僚の彼の過ごし方にも、忍べるようになった。

▼仕事を不成功に終わらせる要因の一つに、仕事に対する捕らえ所のない恐れがある。その恐れは、次の二つのどちらかによって惹き起こされる。すなわち、①一つは、まだ起きていない事柄を、これから起きるのではないかと想像し、そうしたらどうしようかと、妄想に捕らわれることである。②二つ目は、自分の内に能力なり準備なり、何かが不足したり欠けている部分があることである。

①妄想であるならば、それは自分で勝手に取り越し苦労しているのであるから、妄想することなどきっぱり止めることである。②もう一つの不足や欠点であるならば、仕事が始まる前に、できるだけ早く補って満たしておけばよい。

①妄想に陥らない最善の方法は、主に委ねることである。②能力的な欠けであるならば、知恵を与えてくださる主に願い求める（ヤコブの手紙1章5節参照）と共に、自分でも習得修練すればよい。精神的な欠けであるならば、主との和解を得て、主の力に満たしていただくことである。

3　勤勉から祝福をいただく

▼私の四十年近い職業人生で、次の戒めは自ら実体験した真実である。「勤め働く者の手はついに人を治める（部下を持って自ら長として立つ）。怠る者は人に仕えるようになる（指示命令を受けて労働する人となる）」（箴言12章24節）。

▼立身出世するには秘訣がある。すなわち、
①組織の大小にこだわらず、中小組織でもいいから、自分の力を発揮できる所に身を置くことである。すなわち身の丈に合った道を歩む。
②どんな職場であれ、それが自分の思い描いていた仕事とはかけ離れていたとしても、そこへ主が導いてくださったのだと信じ、人前にではなく神前にあって真摯に働く。
③成果を残すためには、自分が有用であると評価される場で働く。有用と望まれ期待される者は、実力以上の力を発揮できるし、自分の知らなかった隠れていた才能さえも、伸ばすことができる。
④遠回りの裏道と思うような勤労であったとしても、そこで前向きに一生懸命やれば、必ず花は咲くものである。「人の行く、裏に道あり花の山」である。想像もしなかったところに宝はある。
⑤人の知識・知恵だけに頼らず、基本的には主の知恵に頼る。世の中は人知だけで動いているのではない。情報と行動の取捨選択基準を、従来の人知だけに頼っていると判断を読み間違える。
〔コラム26〕

4　忙し過ぎの弊害から離れる

▼忙し過ぎてはいけない。どんなに多く働くことがあっても、与えられた範囲内の時間と場所に、自分の身と心を置き続けるべきである。忙し過ぎると、この字が示すように心を亡ぼすことになり、有益

〔コラム 26〕

◆自分が有用である場に身を置く

自分よりも有用な人々の中に敢えて自分を置き、有用な人々から刺激を受けて、持てる自分の才能をさらに伸ばしていくという生き方がある。またもう一方では、周りの人々と比べて自分がより有用であると判定される人々の中に身を置いて、ますます自分を伸ばしていくという生き方もある。

（中略）私の経験から言うと、後者の生き方も捨てたものではないと確信している。すなわち、自分が有用であると判定される人々の間に自分を置くということは、自分の現在の有用性だけでなく、自分で知らなかった自分の内に隠れていた才能さえも、伸ばすことができるからである。自分が有用な人材であると自覚できることほどに、自分に自信を持たせ、自分を伸ばしていくことができる原動力はない。

自分の有用性に自信を持って行動できること、これは何事においても、成果を残すことができる重要な要素である。

（『満たされた生涯』p.529）

な仕事ができなくなる。自分の成果ばかりを追い求めることに注意力が集中し、隣人を思いやるゆとりを喪失する。

▼忙し過ぎることは褒めたことではない。忙し過ぎると大きな目標から目が逸れて、現在の問題ばかりに精力が注がれるようになる。これは長期的な目で見ると、無駄なことをしているのに等しい。

▼忙し過ぎることは、もっと大きな事をしなければならない責務から逃がれる隠れ蓑である。

5　働き過ぎを自戒する

▼「働き過ぎ」は勧められない。働き過ぎは心身を疲れさせる。その結果、怠惰を生み出すことになる。それだけで終わるのならまだよいが、成果からも見放される。規則正しい適切な働き方だけが、長期にわたって効率的に働くことを約束する。当然多くの人々から喜ばれる成果をも上げることができる。

▼過労を慎むべし。過労は自分と周囲の秩序を乱し、人間関係を壊すことさえする。自分にとっては正常な思考が妨げられるばかりでなく、主から目を離す状態を作り出す。周囲に対しては、他人を怠け者だと言って裁くようになる。さらに加えて、いらいらが高じて、無関係なとんでもない周囲にまで当たり散らすようになる。

▼仕事にのめり込み過ぎるのも、たいていは欲から出ているものであって、高潔な精神を備えている者のすることではない。七日のうちの一日は、仕事から離れて礼拝に用いるようにしないと、活力と平安および澄んだ心を奪われる。

6　長休息の誘いに乗らない

▼多過ぎる休息は摂らないほうがいい。かえって心身を疲れさせ、次の仕事になかなか手を出させなくする。自分の身も心も快適に保つ最善の方法は、息抜きを合間にとりつつも、有益で適度な仕事をし続けることである。

▼歓楽は人の精神を軟弱にする。だからといって、すべての歓楽を避けるべきとは言えない。苦難と困難の連続の中にあっては、しばしの娯楽は気分転換を促し、次の難題へ立ち向かう栄気を養ってくれる。

とは言うものの、長時間の歓楽は、逆に次の大仕事に取りかかる意気を殺《そ》ぎ、開始するタイミングを奪うことにもなる。だから、歓楽の摂取の時と場合に注意を払う必要がある。

二節　遣僕として働く

1　主から遣わされた者として働く

▼充実した気分で楽しく働くコツは、決して肉の主人（すなわち雇い主や上司、エペソ人への手紙6章5

節参照）のために働かないことである。キリストの僕として働くことである。「イエス・キリストから自分はその職場に遣わされている。そこで福音を行動で見せ、主の力の偉大さを働きで証詞し、主の栄光をその職場で現すために派遣されている」として働くことである。そうしている間は、肉の主人に報いを期待することはない。給与においても地位においてでもある。なぜなら、主から遣わされた僕には、人からではなく主からの報いが待っているからである。その報いは、肉の主人が用意しているものを遥かに超えて富んだ報いである。

神から遣わされた僕は、人が見ていようと見ていなかろうと、熱心にその持ち場で働く。主に仕えるが如くにして働く。だから、それを見ている肉による主人も、彼を放っておくことをしない。

▼組織内において、より重要な職務を任されるようになるためには、どんな働き方をしたらよいのだろうか。それが次のように勧められている。

(1)働く姿勢が聖書の真理に根差していること。すなわち

①仕事において為すことが御言葉に裏打ちされて確固としており、正統であること。

②神の御旨に沿って神意が貫かれていること。

(2)次に、働く自分が証《あか》し人のごとく、その職場へ神から派遣されたキリストの僕であるとして働く。すなわち

①敬意を払いつつ真心を込めて社長や上司に仕える。

②へつらったり目先だけのことをするような働き方をせず、任された仕事はもちろんのこと、

すべてのことに全力を注ぐ。

③誰が見ていようと見ていまいと、主の面前におけるが如くして誠実に働く。

(3)そして、人の評価は気にせず、主がどう評価して下さるかだけに心を配り、主の評価だけに信頼を置く。すなわち、

①昇給、賞与、配属に心を捕らわれない。

②主の前に自分は忠実であったかだけに心を向ける。

③主が報いてくださることにのみ期待する（エペソ人への手紙6章5～8節参照）。〔コラム27〕

2　キリストの僕として働く

▼この世での最良の働き方は、キリストの僕として働くことである。人間の主人のために働いていると思わないことである。自分や家族の生活のために働いているとも思わないことである。肉の主人のために働くと、へつらうことになり、評価を気にするようになって、勤労精神の自由を失う。また生活のために働くと、仕事が労働となり、食うための苦痛になってしまう。

キリストの僕として働く者は、神に献げるために働くので、人の評価を気にせず、人からの取り扱いに自由になって、未来の希望に向かって自ら進んで積極的に働き、仕事そのものから喜びと活力とを得るようになる。

〔コラム 27〕

◆御言葉に遵じて働く

彼が 40 歳代前半で取締役に選任されるには、それなりの理由があった。それを知っておくことは、組織内でより重要な職務に就こうと目指す人には、大いに参考になる。

まず彼の働く姿勢であるが、キリスト者として御言葉に裏打ちされ、主の御意志に根差していた。すなわち、彼は恐れおののきつつ真心を込めて肉による主人（上司や社長）に従った。そうしたのは、恐怖を感じていたり強要されたからというのではない。主からそのようにして働くよう命じられたからである。彼は、人にへつらったり、目先だけを取り繕うような働き方をしなかった。人が見ていようといまいと、人の目や評価を全く気にすることなく、常に正々堂々と、何をするにもそのことに全力を注いで、献げるようにして快く仕えた。

（中略）彼の仕事へのそのような姿勢は、次の御言葉から来ていた。「僕たる者よ。キリストに従うように、恐れおののきつつ、真心をこめて、肉による主人に従いなさい。人にへつらおうとして目先だけの勤めをするのではなく、キリストの僕として心から神の御旨を行い、人にではなく主に仕えるように、快く仕えなさい。あなたがたが知っているとおり、だれでも良いことを行えば、僕であれ自由人であれ、それに相当する報いを、それぞれ主から受けるであろう」（エペソ人への手紙 6 章 5 ～ 8 節）。〔その「彼」とは私であった。〕

（『聖潔の探究』 p.171 ～ 172）

▼キリスト者は、キリストの僕となって恐れつつ肉の主人に仕える（エペソ人への手紙6章5節参照）。

仕えるとは言え一般の仕え方とは異なる。恐れつつとは敬いつつのことであり、僕となって仕える人は、知恵に満ちた「キリストの」が上に付く仕え方をする。肉の主人（社長や上司）へのキリストの僕の仕え方は、恐れつつも家来に成り下がることはない。むしろ主人の師になるかのようにして仕える。すなわち、肉の主人を驚かすほどの深い知恵と果断の実行力とをもって、主人の目を開かせ、悟し感服させるようにして仕える。

3　自分の姿勢を堅持する

▼仕事において、自分がもてはやされようとも、日陰に追いやられようとも、一つひとつの扱いで心騒がせないがよい。大切なことは、自分の信念を曲げてまでして迎合しないことである。取り入ろうとして、大して価値があるのでもない提案に雷同して賛意を示さないことである。

自分の出世を考えてへつらったり、ご機嫌伺いを立てたりするような人は、後で必ずその報いを受けることになる。なぜなら、周囲の人々はそれを正確に見ており、「こいつは信用置けない人物だ」と評価しているからである。一度そのようにレッテルを貼られた者は、機会が来ても関係者は横を向いてしまい、支持してくれる人も推挙してくれる人もいなくなる。

▼主は私たちに、「身を隠せ」（旧約聖書・列王紀上17章3節）と言われる場合がある。それは主がさばきを実行されるときである。主のご命令は、キリスト者に常に「進め」だけではない。主が主役を演じ

られる幕場が来たときには、私たちは袖口に下がって避難しておればよい。いつまでも舞台に残って、これから主役が演じようとされている演技を邪魔してはならない。自分は控えて、次の活躍の準備をするほうが適切である。〔コラム28〕

三節　職業を選ぶ

1　自分に合った職業を選ぶ

▼人々は皆、同じように造られて生まれ出てきているわけではない。才能の種類も特技も異なる。人それぞれ「異った賜物」を与えられている（新約聖書・ローマ人への手紙12章6節参照）。ただ一つ言えることは、社会を、人間の身体という有機体にたとえるならば、ある人を頭、ある人を手、ある人を胴、ある人を足として、相互協力して正常に機能するように造られていることである（コリント人への第一の手紙12章14〜21節、ローマ人への手紙12章4節参照）。

自分はどういう職業に向いており、どのような職に適しているのかを、若年のうちに見極めることは大切である。まずは、自分はスペシャリストが合っているのか、ゼネラリストであるべきかを見極めることである。スペシャリストならば、研究か、開発か、技術か、営業か。ゼネラリストであるならば経営か、企画か、管理かなどを見極めることである。そうして方向が定まったならば、啓発のために金銭と時間とを早めに自己投資して、自分を整え、実践の機会を創り出すことである。

〔コラム 28〕

◆身を隠せと命じられる主

旧約聖書を代表する預言者エリヤが、アハブ王に言うべきことを言い、やるべきことをした後に、主はエリヤに言われた、「身を隠せ」（列王紀上 17 章 3 節）と。これはどういうことであろうか。常に第一線に立って、主の栄えを現すための働きをしなくてよいということなのであろうか。

キリスト者は、世における闘いの最中に、「身を隠せ」と主から命ぜられる場合がある。このように、主のご命令は常に進めだけではない場合がある。「身を隠せ」と言われるのは、主の決定が実行される時であると見てよい。主ご自身が行動することの幕が切って落されたのである。主御自身が働かれ、主の業がなされる時を迎えたのである。

こんな場合には、私たちが下手に舞台に残っていてはならない。自分が大きな怪我をするようになるかもしれない。脇役の私たちは、早く舞台の袖に降りて身を隠し、主がどのように活躍されるのかを見守っていればよい。主役の演技を邪魔してはならない。

それでは、身を隠した者は、隠したそこで何をすべきであろうか。それは祈りと黙想である。主との交わりを深めることである。そして自らの実力を高めるために充電することである。主が身を隠せと言われる目的は、この後に続いて起きてくる、自分の出番になる場所や状況で、以前にも増して優れた活動や奉仕ができるように備えをせよということだからである。　（『天命に立つ』p.364 ～ 365）

▼組織の大小で総じて言えることは、中小の場合には、職位・階級に捕らわれず、識見の高さや強烈な個性が重視されて、自由闊達な活動ができる。これに対し、大組織となると、規定や過去のやり方が重んじられるようになり、規則や儀礼に精通する官僚タイプが幅を利かすようになる。
職場を選ぶ場合には、自分はどちらのやり方が適しているのか、考慮する必要がある。

2　与えられた職を召命と受け取る

▼献身するとは、召された目的や職業のために生涯を献げることである。教職者、政治家、技術者、芸術家など、献げる職業はあまたあるが、主が「あなたの命をこれに使いなさい」、「その働きをもってわたしが進めている神の国実現に向けて参加し、わたしの栄光を現しなさい」と、使命に召される業は、それぞれ各人に個有であって、どれも尊い（出エジプト記31章2～6節参照）。重要なことは、あれやこれやの仕事に目移りさせることなく、自分に献身を求められている職にできるだけ早く就くことである。

▼生涯のうちで決定すべき大きな事柄の一つに、職業の選択がある。自分の望みどおりの仕事に就けるという人は希《まれ》で、ほとんどの人が予想外の職に就くことが多い。その期待外れの就職を、不運の始まりとするか好運のスタートとするかは、その人の心構えによる。そこに主の摂理を認めて、自分に備えられた職に全力を注ぐ者には、後でそれこそ予想外の富裕がついてくる。〔コラム29〕

▼自分の実力がどの程度のものかを自覚している者は、職場に対し「ありがたい」と恩義さえ感じる。

〔コラム 29〕

◆望まない就職を活かす

私は学力や面接などの実力によってではなく、突発的な病によって、自分では思ってもみなかった、存在さえ知らない会社へ就職することになった。それでもそれを主の導き、御旨と信じた。その働き場で自分を生かすことに努め、活路を見いだし、全力を注いですべてのことに当たった。その結果、予期する以上の成果を得ることができた。

生涯において最も大切なことの一つとして、どのような職業に就き、どのような仕事場に入るかがある。しかし、その最も大切なものの選定が、自分の希望どおりにはいかず、意に反したり偶然的に決まる場合が多いのではなかろうか。

しかしながら、その意に反した偶然性を、必然的な自分のものとして活かすか、それとも不運の始まりとして嘆きの原因にするかは、その人の生き方の姿勢によって決まる。

最も良好で強い受容の仕方であり、積極的に取り組んで前進していく仕方は、その就職を神の御旨であり、主の自分へのご計画であると信じて受け入れ、感謝と確信をもって勤めていくことである。どんな職業職場であっても、自分への主の摂理であると確信して、最大限の力を注いで努力を続けていけば、必ず主からくる豊かな実を結ぶようになる。これは私の体験済のことである。

（『満たされた生涯』p.231 ～ 232）

反対に自分の実力を知らない者は、何か自分に不都合なことが降りかかってきた場合に、仕事場に恨みを抱く。すなわち組織内で逆境に遭ったり冷遇された場合に、自分の実力を認めている者は、今まで受けてきたことへの恩義を感じて、「ここから出て行って、ライバルメーカーにでも入り、見返してやろう」などとの恨みを持つようなことはしない。夜が明けるまでそこでじっと待ち、再び日が射してきたら、前のように実力を発揮させて働く。ところが実力のない者に限って、冷遇されると会社へ憎しみを持ち、恨んで他企業へ転社しようとする。

この実力とは、何かができるという能力のことではない。自分はこの際どう身を処するべきかを判断する人徳の問題である。

第四章　果敢な取り組み

序　改革への妨害

良いことを押し進めよう、あるいは改革を実施して成長のために革新しようとすれば、必ず反対や妨害に会うものです。そんな時に引いてしまったり退いていたら、改新など決して展開していくことはできません。自分の会社を発展させることも望めません。

私が四十一歳の企画部長であった時のことです。いまだない会社としてのビジョンを打ち出し定めて、戦略的経営計画のもとに、それを実行する方策として、目標管理手法を全社的に取り入れ、経営を展開していこうとしました。そのために、全子会社をも含めて、すべての部門に年間目標とその達成方法をA４一枚の規定様式に要点のみ記載して提出することを求めました。この目標に従って三か月毎、年四回の達成状況発表会を持ち、未達成事項の改善処置をしていこうとしたわけです。

ところが、ある一部門だけは、何度催促しても部門年間目標計画を出してくれません。私の改革実施を快く思わず、先に重役にまで昇り詰めたその部門の長は、協力を拒んだのでした。「そんな経営方策は実施していける訳がない。無理だ。夢のようなことを言っている。後から昇進してきた若造の言うことなんか聞けるものか。俺には今までの大きな実績がある」、そんなようにでも思ったのでしょうか。

それでも私はひるむことなく、その部門だけを除いて、目標管理手法を実施していきました。私には次の信念がありました。「この方策は、主の前に信認されている改革である。これを実行すれば、必ずや会社は成長発展する。成功するところを見せれば、一～二年の内に協力してくれるようになるだろう。」聖書にも「人を恐れると罠に陥る、主に信頼する者は安らかである」（箴言29章25節）とあります。私は共におられる主を信頼したのでした。

一年間の展開状況と改善達成への全社的な好結果を見たその部長は、次年度から協力して、計画書を提出してくれるようになりました。

改革が大きければ大きいほどリスクも大きいし、ライバル意識を持つ者にとっては、その改革で成果を上げられることは面白くないでしょう。足を引っ張ろうともします。ですから良策であればあるほど、誰からも支持を得られることは困難であり、最初から協力してもらおうとすることは望めません。反対や非難、妨害が襲ってくるものです。それでも何ものをも恐れず、信念を持って遂行していくならば、好結果が得られます。

この経営手法は、私が確認した範囲では、その後に方針管理と名称を変えて十四年間続けて行われ、会社の発展と業績向上に寄与しました。

〔コラム30〕

◆主に従う者が最後に勝つ

エリヤは、たった1人で850人の偶像預言者と対決して、最後に勝った（列王紀上18章38～39節参照）。これは、どんなに人数が少なく、味方する者がない状態でも、正しい者は最後には勝つことを示している。日本ではキリスト者は僅少であっても、エリヤよりも割合は多い。

エリヤが孤高であろうとも、「主が使うエリヤ」であることに違いはない。主に信頼して臆することなくひるむことなく、敢然と立ち向かって行く者には、主は遂には勝利を与えられる。

たとえ孤立無援であっても、勝つと定められている者は、最後には勝つ。なぜなら主が共に働いてくださって、主が戦ってくださるからである。多数意見恐れるに足らずである。

（『天命に立つ』p.371～372）

一節　積極的に進む

1　恐れずに挑戦する

▼孤立無援だからといって恐れるには足らずである。勝つと定められている人は、最後には必ず勝つものだ。たった一人であったエリヤであっても、八百五十人の偽預言者に勝った例が示している（列王紀上18章38、40節参照）。〔コラム30〕

▼失敗を恐れて挑戦しないのは、愚の骨頂。何千回失敗しようとも、挑戦の先にこそ成功がある。失敗しなければその先に成功はない。失敗は成功のためにある。〔コラム31〕

▼初めから命を落とすかもしれないとの心づもりで出陣していく者は、勝つことはない。だが、生きて勝利を得るために、命をも捨てる覚悟で戦いに臨む者は、命も勝利も自分のものにすることができる。

〔コラム31〕

◆成功のために失敗を重ねる

自分を訓練し、節制し鍛え上げない者は、目標の水準にまで到達することはできない。スポーツ選手でさえ、1つの目標のために毎日、毎日、何度も何度も同じ練習を重ね、自分を鍛錬し、目標とした記録にやっと到達する。

到達するまでには何度失敗があったか知れない。（中略）失敗を恐れる必要は全くない。また失敗したからといって挫《くじ》ける必要もない。失敗の先に成功があるからである。

霊的な世界においても同じである。自分を訓練し、鍛錬し、失敗を重ね、屈することなく何度でも挑戦し続ける者でなければ、主の聖さの敬虔にまで達することはできない。日常の生活を節制し、目標を1つに定め、必要な部分を鍛え強め、これを毎日繰り返して自分を鍛錬するのでなければ、キリストの徳の高さにまで、自分を高めることはできない。

（『クリスチャン人生　瞑想録』p.56）

▼大きな仕事というものは、その完成を迎えた時になって、「よくあんなことが私にできたな」と感激と感謝をもたらすものである。その仕事を成し遂げるまでの困難の大きさは、完成の勝利が間近に迫って来たときに振り返ってみて、はじめてどんなものであったか知らされる。これは大事業を成そうとする者への恵みである。もしそうでなく、始める前に襲ってくる問題がどれほど困難に満ちたものであるかを見せられていたら、決して最初から踏み出すことはできなかったであろう。

2　常識に捕らわれない

▼まだ世にない新しいものを発明発見しようと志す者は、常識に捕らわれていてはならない。世の人々が言う一般論に留っていてはならない。世にまだ知られていないことを見つけ出し、形にしようと希求する者は、すでに確立された理論や思想に拘泥していてはならない。これを離れ、破っていく必要がある。究めんと希求する情熱が、人々に狂と映るくらいの集中力と気魄とをもって当たるのでなければ、新しいものを生み出すことはできない。〔コラム32〕

3　恐れて辞退しない

▼古代イスラエル民族の大指導者モーセがそうであったように、主から「わたしは、あなたをパロにつかわして、わたしの（二百万人もの）民、イスラエルの人々をエジプトから導き出させよう」（出エジ

プト記3章10節）と言われたとき、人はそれがあまりにも大きな事業であり、自分はあまりにも卑小であることを自覚して、次のように言う、「わたしは、いったい何者でしょう。（わたしはそんな大それたことができるような者ではありません）」（同3章11節）と。そしてその課題が大きければ大きいほど、そして解決していくことが不可能と思えるほどの困難が連続していることを知れば知るほど、彼

〔コラム32〕

◆新発見をするための「してはいけない五カ条」

トンネル・ダイオードを発見してノーベル物理学賞を受賞した江崎玲於奈博士が述べている、新創造新発見をするための「してはいけない五カ条」に、私の解説を加えた「開発するときの行動原則」は、次のとおりである。

①従来からの「しがらみ」に捉われるな。歴史的事実に引きずられることなく、洞察する澄みきった目で見よ。

②人という権威にのめり込むな。人には間違いや先入観がある。だからこそ権威に捕らわれない自由奔放な心を保て。

③無用なものは捨てよ。無くてならぬものは、それほど多くはない。ただ一つ必要なものは、そこにある不変不動の真理だけである。

④戦うことを避けるな。自分の考えをしっかりと主張せよ。苦難なくして真理に到達した人はいない。

⑤いつまでも初々しい感性を失うな。人にまだ知られていない真理は、鋭敏に研ぎ澄まされた理性というアンテナに、感性に基づくひらめきとして受信されるからである。

（『満たされた生涯』p.272～273）

は怖気《おじけ》づいて断る、「ああ、主よ、どうか、他の適当な人をおつかわしください」（同4章13節）と。

このように言って辞退していたならば、どんなことも成っていかない。召命された者も活かされていくことはない。そして大事業が成功して完成していくことはない。それればかりか、その人が生かされている人生の意味も消えていく。

▼身に余る重大な仕事を任せられたときに、成功に向かわせる秘訣は、仕事そのものの複雑困難さを見ないことである。そしてインマヌエル（神、我らと共にいます）を確信し、敢然と挑戦していくことである。課された仕事の中味の重大さと、自らの能力や経験の少なさを見たならば、恐れと不安が先に立ち、震えて臆し、一歩も前へ進めなくなる。だが神の全能と導きを信じて、敢然と立ち向かうならば、あれよあれよという間に、不思議と事は成っていくものである。

4　勇気をもって前進する

▼自分自身には諸々の予定や計画がある中で、突如としてこれらとは異質で、初めての事柄の仕事を任されることがある。なぜそれをしなければならないのかの理由は明確ではないが、おぼろげに意義も同時に示される。そんなときには、自分の他の予定や計画はさて置いても、直ちに示された仕事に断固として取りかかるべきである。称讃されるような偉業というものは、そのような断行から生まれてくることは、過去のいくつもの事例が語っている。

▼主の栄光の業のために召された時に、誰一人として自分がそれにふさわしい大勇士であると思うような者はいない。これとは逆に、初めから自分はそれに適切な人物であると自認するような者は、その高ぶった思いと、成すべき業の困難に対する無知から判断して、失格者である。むしろその大使命の前に恐れをなし、誰もが不安にかられるというのが一般である。だが臆するには及ばない。大勇士には自分でなるのではなく、主がなさせてくださるのだからである。〔コラム33〕

▼自ら取り組もうとする仕事についてだけでなく、企業競争や人間関係においても当てはまることであるが、相手や対象の状況や内容をよく知っており、それに対応しようとする自分の強みも弱みも知っているならば、たいていのことは勝利に終わらせることができる。

失敗するのは、相手のことを過少評価しており、逆に自分を過大評価している場合である。それと同様に、その事を開始する前から、すでに負けている場合もある。それは相手のことを実状よりも過大評価してしまっており、自分については過小評価に陥っている場合である。

誤算は、彼我についての無知から生ずるものである。そうであるから、何か事をなそうとする場合には、対象を十分に認識し、過大評価も過少評価もすることなく、かつ自分の長所も短所も素直に把握して、進むことが肝要である。

〔コラム 33〕

◆大使命の前に不安はつきもの

不安のために、主からの大使命を受け入れられない人は、次の事実を信仰をもって知るべきである。すなわち、主に選ばれ、主の働きに就こうとする者は、誰もが初めから自分は大勇士であるなどと思ってもいないことである。モーセがそうだったし、イザヤが主から「誰をつかわそうか」と召命を受けた時、彼は「わざわいなるかな。私は滅びるばかりだ」と恐れた（旧約聖書・イザヤ書６章５節）。イスラエルの初代王サウルも、イスラエルの王になると預言者サムエルから告げられた時、「わたしは、最も小さい部族の卑しい者に過ぎないのに、どうしてそのようなことを私に言われるのですか」（旧約聖書・サムエル記上 10 章 21 節）と退いている。

このように、主からの大使命の前に立つ場合には、誰もが大きな不安を持つものである。自分の知力、体力、能力を正確に知っていればいるほど、自分の無力を自覚しているがゆえに、主の大事業に用いられることに対して怖気づく。

このような場合に、私たちにすべき必要なことは、決して自分を見るのではなく、主に目を移し、主に委ねて任せ、勇気を出して従うことである。　　　（『天命に立つ』p.295 ～ 296）

5　「進め」の言葉を手離さない

▼大きな仕事をしている途上において、問題が発生したり条件が変化することによって、暗礁に乗り上

げたり、断念を迫られる状況に追い込まれる場合がある。そんな場合に、客観的理由からではなく、自分の決意が萎《な》えて精神的に追い込まれたり、迷うことから来ているならば、自分にとって語る言葉は、「止《や》めよ」ではなく、主からの「進め」である。

▼「進め」、「前進せよ」。自分自身に向かってのこの短言は、人生で重要な言句の一つである。人はしばしば挫折したり、疲れて歩むことを諦める。その休息が前進のために必要な栄気を養うためのものであるならばよい。だが人はとかく怠惰に捕らわれて、休みを長く採る習いを持っている。歩みを止めた者に事が成ることはない。また頂上に着くこともない。常に声掛けられなければならない言葉は、これを自分に言い聞かせつつ、「前進せよ」である。

二節　全力で勤める

1　常に全力投球する

▼成功に何か特別な秘訣があるか、の問いへの答えは「ない」である。あるとすれば、「与えられた仕事に全力を注ぐ」という、この簡単な一事だけである（箴言10章4節参照）。

▼生涯の中で起きてくる仕事に立ち向かって行くためには、自分の好き嫌いや得手・不得手に関わりなく、力の出し惜しみを決してしないことである。

こう勧める理由は、一つは、その仕事は二度と巡り合うことのない仕事であるかもしれないからである。そしてもう一つの理由は、その仕事の後に、その仕事に関係して、次の仕事が待っていることが多いからである。さらに第三の理由は、それら一つひとつの仕事の積み重ねが、自分の人生で成した仕事の全体を形成し、「これは私がしたことだ」との生涯の意味を形作る要素になるからである。

▼勇気をもって果敢に攻めていかなければならないという重大な機会は、人生でそれほど多くあるわけではない。その時機こそ、その人の人生にとっての正念場である。「ここでやらねばどこでやる？」と問われ、そして自分の人生で、「私はこのことを成し遂げた。これが私の生涯における業績である」と誇れるものを残す時機、それが正念場というものである。

自分の人生で正念場が来たならば、それを決して無為に終わらせてはならない、何としても活かさねばならない。そのような正念場は、人生にとってもう二度とやって来ないかもしれないからである。

▼その仕事を止《や》めることはいつでもできる。難しいのはやり続けることである。その仕事が自分の使命であるなどということは、仕事を続けている時点では、誰もなかなか判別できない。すべき重要なことは、自分がしている今の仕事に全精力を傾けて、忠実熱心に仕事を続けることである。そうするな

らば、その先に成功がある。〔コラム34〕

〔コラム34〕

◆今の仕事を忠実に成し遂げる

日々の仕事は、昨日と同じようで何の変哲もない。しかし、その仕事の中に成功がある。自分に与えられた何の変わりばえもない毎日の仕事を、し続けることのできる者でなければ、大業を成すことはできない。一日一日にできることは、誰にもそれほど大きな差があるわけではない。しかし、それが五十年も経つと雲泥の差となる。

人は、自分が今している仕事が、自分の生涯を使って成し遂げるべき使命としての仕事なのだろうか、と思い悩むものである。しかし、今与えられている仕事を確実にこなすことのできる者でなければ、主が受け入れてくださるほどの、自分の使命を全うすることはできない。

（中略）止めることはいつだってできる。難しいのは、やり続けることである。やり続ける先に新しい道が備えられているのだが、これを誰が知ろうか。主が知って配慮してくださっている。

「神は、神を愛する者たち、すなわち、ご計画に従って召された者たちと共に働いて、万事を益となるようにして下さる」（ローマ人への手紙 8 章 28 節）。この御言葉を信じて、今している仕事を確実にかつ忠実になしていくことである。その先に、仕事人としての成功が待っている。現在の小さな仕事に忠実でない者が、どうして将来の大いなる仕事に忠実であることができようか。

（『クリスチャン人生　瞑想録』p.45 ～ 46）

▼昇進するには秘訣がある。すなわち、

①仕事を選ばずに何にでも挑戦する。すると自分の能力が広がり、業績も残る。

②自分に人事異動があった場合には、これを前向きに捉え、配属されて移っていった部門の専門家になることを目指す。そしてその部門で、「これは私がやったことである」としての会社の新しい財産になる成果を残す。

③自分が置かれた一つ上の職位の仕事をする。仕事内容も権限も、与えられるのを待つのではなく、自分で奪うほどにする。

④主に使っていただく。主はご自身の栄光を現す者はいないかと捜しておられる。そのために自分を主に明け渡す者には、主が力を与えて成功へと導いてくださる。〔コラム35〕

2　今のその事に全力を注ぐ

▼主の御心にあって、その人をある組織の長に昇らせようとする場合には、主はその人に長としての権威を確立するための機会を備えていてくださる。すなわち、「この人こそ私たちの長になるべき人である」と誰もが認めるような業績を上げるだけのチャンスを、計画していてくださる。私たちはそのチャンスがいつなのか、どのような場合がそれなのか、自分では見当がつかない。またどのような事柄を通して、長としての権威を確立させてくださるのかも見分けられない。

そうであるから、御心に沿って何かの長に昇り詰めたいと願う者は、どんな場合にも、今自分に与

えられている目前の仕事に対して、全力を注いで仕事をするということが、必須の基本である。〔コラム36〕

〔コラム35〕

◆昇進のコツ

下で働く者は、一日も早く役職に就き、「課長」、「部長」と呼ばれたい、できるだけ早く責任の重い、スケールの大きい重要な仕事に就いてみたい、こう思うものである。だが現実は厳しく、なかなかそうはいかない。

こうなるにも秘訣がある。短期間で昇進し、重用されるようになるコツがある。それは

①誰よりも先に手を挙げて、「その仕事を自分にやらせてくれ」と言う。あの仕事はいい、この仕事は嫌だと自分の都合や能力で選ばず、どんな仕事であれ積極的に取り組む。

②人事異動でどんな部門、どんな仕事に配属されても、その部門の専門家になるよう心がけて、自分のものにしてしまう。指示命令されたわけではないが、世界や社会の将来の変化を見通して、このことを取り入れ、今から準備し、実施したほうがよいという事柄を見つけ出し、これを定着させ、残す。

③言われたことだけをやるのではなく、上位職の仕事をしてしまう。

④自分の力に頼らず、「神われらと共にいます」（マタイによる福音書1章23節）者となって、人の能力を超えたほどの足跡を残す。

（『天命に立つ』p.490 ～ 492）

〔コラム 36〕

◆指導者としての約束授与

出エジプトを果たしたイスラエルの民がカナンの地に入るために、ヨルダン川を渡った後においても、カナンの地に先住しているたくさんの種族を、主が追い払ってくださる。このことを、主はイスラエルの民に約束してくださった。その証拠として、ヨルダン川の水が堰止められるということで、あなたがたはそれを知るであろうと言われた（旧約聖書・ヨシュア記３章10～13節）。と同時に主は、民を率いたヨシュア個人に対しても、ヨルダン川徒渉の奇跡を通して、ヨシュアの指導者としての地位を確立すると、次のように言われた。「きょうからわたしは、すべてのイスラエルの前にあなたを尊い者とする」（同３章７節）と。

（中略）この約束のとおり、結果的にはヨシュアは、ヨルダン川徒渉によって民の指導者としての権威を確立することになった。このように、私たちのうちで誰でも、もしその人がその集団の指導者となるべき者であるならば、主はその人に、その地位に就くのにふさわしい権威を与えるための最善の時と状況を、主の計画の中に組み込んでおいてくださる。

（『天命に立つ』p.253～254）

▼働く者にとっては、どの場合のどの場所での仕事であっても、それは一回勝負のものであり、本番そのものである。

周囲の関係する人々は、与えられたその人の仕事に対して、それは練習のために備えられた仕事であるとか、本番前の準備期間の仕事であるとは見ない。その人がその仕事をできるかできないか、どれぐらい上手に行って成果を上げられるかを、ただちにその一つの仕事で判断し、その人を評価する。

学生時代であるならばまだしも、社会人になった人に対しては、仕事の評価は常に一回勝負である。したがって、自分の目の前に与えられた仕事に対しては、どんな場合であっても、最初から本番であると自覚し、常に全力投球することを心掛けねばならない。

▼人生で人並み以上の大きな成果を残すコツがある。次から次へと自分の目の前に溢《あふ》れ出てきて課題となった一つひとつの仕事を、その時その場で全精力を集中し、それぞれ完成の域にまで仕上げてしまうことである。後で修正のためにもう一度取りかかろうとか、確認のためにもう一度繰り返して行おうとか、考えないことである。これを青年、壮年、老年と各年代を通して積み重ねていくことによって、大きな成果が得られる。

3　気を抜かずに努力を続ける

▼世にまだ無いようなものを創り出すためには、人間の限界を超えるほどの多くの努力と苦闘が必要である。独創的なものを生み出すために、天賦の才能とか閃きというのは不要であるとは言わない。しかし、その閃きや才能は、成果を生み出すために注ぐ努力に比べれば、味付けをする程度の働きでしかない。

〔コラム37〕

◆新発明の裏にある努力

アメリカの発明王で、後の世界最大級の電機メーカーであるゼネラル・エレクトリック（G・E）社の生みの親であるエジソンが言った有名な言葉がある。すなわち、「天才とは99％の発汗（パースピレーション）と1％の霊感（インスピレーション）（閃き）から成る。」

確かに、人知れずの相当の刻苦と努力の積み重ねがなければ、天才と言われるほどの多くの発明はできない。見える部分の背後には、その人によって日夜なされた、どれほど多くの見えない努力があったか知れない。これに1％のインスピレーションが加わってはじめて1つの発明が世に出てくる。

（『満たされた生涯』p.117〜118）

このことを発明王エジソンが、次の言葉で端的に言い表している。「天才とは、九十九パーセントのパースピレーション（発汗）と一パーセントのインスピレーション（霊感）から成る」。〔コラム37〕

▼その人に力があるかないかを量る秤は、その人が失敗しないかどうかではない。何度失敗しても倒れる度に、起き上がる力を持っているかどうかである。

▼仕事の世界に、名人とか達人と称される人々がいる。その人たちに共通していることは、内に隠され

た心魂に、豊かで崇高なものを秘めていることである。

ある程度の高質あるいは高価な作品を作り出すことは、それなりの技術さえ身に付けておけば可能である。しかし、人に感銘を与え感激を引き出すような作品を創り出すためには、それだけでは足りない。心中に高貴な確信を持ちつつ、自らの生命を懸けるほどにして仕事に打ち込み、身も魂も献げる覚悟で、一心不乱に働くのでなければ、人に感動を与えるようなものを生み出すことはできない。

三節　提言に挑む

1　積極的に提言する

▼世を渡る知恵に、「その位《くらい》に在らざれば、その政《まつりごと》を謀らず」、すなわち「官位を超えて統治的事柄には口出ししないほうがよい」というのがある。しかし、これはある条件が揃っていない場合のことと心得なければならない。自分がどんなに下の職位にあろうとも、今までの実績によって自分が信頼を受けており、伝える上長に聞く耳を持つ度量があるならば、確信する改革案をどんどん上申したほうがよい。

ただしその場合に、上長に対する礼と敬意とを逸してはならない。礼を逸した直言は、アラ探しくらいにしか評価されず、良案でさえ退けられてしまう。

▼仕事場で、「私に何もさせてくれないから、大したことができない」と言うのは、無為無策者の言い訳である。有能な人は、当てがわれた仕事の条件や時間の中でも、意味ある重要な事柄を探し出してきて、提言したり実現してみせるものである。

▼自分が籍を置く組織に貢献していく最大の道は、社会と世界の将来を見通し、その組織にいまだ無く、そして必ず将来役に立つ、そのような物や方法を組織に導入して、実施していくことである。
〔コラム38〕

▼変革は、選ばれた秀才だけがするというものではない。問題意識を持って、現状と未来を冷静に見詰める者には、誰にもできることである。

▼私は、巡り会わせたその時が、チャンスだとか転機だとかの特別な思いを持ったから行動したのではなかった。ただいつであろうと、常に自分が置かれている立場で先を見通し、また信念に基づき、その時に最善と思われる方策を提案し、許されて実行した。そうすることの積み重ねが、私を事業経営に少しでも成功することへ貢献する者へと導いた。

2　臆することなく提言する

▼組織の将来を願って、真剣に計画や戦略を進言しようと志す企業戦士は、自らの年齢、経験、地位、権限を顧みず、また上長の逆鱗に触れて、激しい怒りを買うことも恐れず、あるいは越権のために処罰、報復を受けることをも覚悟の上で、単刀直入、率直に具体策を提言しなければならない。

〔コラム 38〕

◆先を見越しての体制作り

当時、品質管理という言葉が聞かれるようになってきており、当社へ防衛庁やNTT から、「品質管理体制はできているか」との問い合わせが入るようになってきていた。直接の納入先である NEC や沖電気でも徐々に品質管理を社内に普及させ始めていた。

入社 2 年目 24 歳の私は思った、「この品質管理は、中堅企業の我々の会社でも重要なこととなり、いずれ大手客先から要求されるようになるだろう。その体制を築いておくことが、会社の信用となり、活動の力となるであろう。会社が伸びていくための基盤の 1 つになるに違いない。」

そこで私は、誰に乞われたわけでも指示されたわけでもないのだが、当時の社長に許可をもらって、NEC と沖電気へ出かけて行った。そこで構想を話し、品質管理に関する説明を受け、関係資料をいただいて帰ってきた。そして実行、確立していくための文書化や組織化に取りかかった。（『満たされた生涯』p.223 ～ 224）

その提言が受け入れられるか拒絶されるかは、一に提示されたトップの度量にかかっている。良案にもかかわらず受け入れられないとするならば、策に対するトップの無理解か、トップの器が小さいためである。受け入れられたならば、トップの度量の大きさによる。

ただし、拒絶された場合に、その責任をトップだけに求めるわけにはいかない場合がある。提言内容が貧弱であったり、不適切であったり、そこに提言者の私心が入っていたりする場合である。また提言する過程で、上長を敬い、自ら遜る姿勢が欠けている場合には、良案であっても受け入れられない。

▼真に革新的な提言には、二つの運命が待つ。受け入れられるか拒絶されるかである。トップが懐の大きい人物であるならば受け入れられる。しかし、ほとんどの場合は却下される。トップに先を見る目がないか、トップ自身が王座に座っていることを傷付けられ、いずれ追い落とされるのではないかと危惧するからである（マタイによる福音書2章3、16節参照）。

受け入れられたからと言って、気を緩めてはならない。周囲にいて別に王座を狙う者や既存勢力から、先を越されたとの恨みを買い、トップが去った後に、策謀にかかったり、左遷の苦汁を味わされることもある。

革新的意見を提言する者は、このような境遇に置かれる可能性もあることを覚悟した上で、進言していかなければならない。

3　悪意の妨害に屈しない

▼成功すれば成功するほど、それを快く思わない周囲の輩は、その人の働きを止《や》めさせようと、いろいろな手を尽くして、誘惑したり脅したり妥協を申し入れたりしてくる。だが、精励していることに対して主の前に何らやましい思いがないならば、何を恐れる必要があろうか（旧約聖書・ネヘミヤ記6章13～14節参照）。人の噂を気にしたり、人を恐れたりすれば罠に陥ることになる（箴言29章25節参照）。

▼どんな良案も後発では意味がない。先発だからこそ好評価され、高く受け入れられる。そして実施した場合に効果を発揮する。

先発で重要なことは、発案を単発では終わらせないことである。先発は間違いなく頭を叩かれるし、ライバル心を持つ者からは足を引っ張られる。二の矢、三の矢を用意して戦闘を止めず、確信をもって当たり、実行に意欲があることを示すことである。そうしたならば、その情熱がリスクを乗り越えさせ、高い成果が得られることを妨害者に説得できる。また先を越されたと妬む者さえも抑えることができる。

▼世の中には仕事を進めていく上で、いくつかの定則がある。

(1)悪業を為す者が最初に成功する。しかし、その繁栄はいつまでも続かず、最後には破滅する。悪を企《たくら》む者が最初から負けるということは少ない。

(2)善きことの実行は、最初から支持と承認を得られるとは限らない。むしろ反対され足を引っ張られ、不成功に終わる理由を並べられ、協力拒否を表明されることのほうが多いかもしれない。そんなときに必要なことは、諦めや退去ではなく、信念のうちに黙して静かにそのことを実行していくことである。それで少しでも結実が見えてくるならば、反対者も協力者に変わってくる。

▼正しいこと、真なることを押し進め、立ち向かっている途上で、しばしば周囲の人々から聞こえてくる言葉は、「止《や》めたほうがいい」、「それは無理だ」、「今は時が悪い」、「変化を待つべきだ」である。このような時機に直面している場合というのは、人生における決定的瞬間であることが多い。したがって、これらの誘惑や罠をはねのけて、正しい対処をしていくための自分にとって必要な言葉は、「迷うな、騙されるな、前進せよ」である。

4 自分のすべき事柄に注力する

▼有益な仕事で高い成果を上げる方法がある。それは、不要なことはしないことである。しなくても支障をきたさないことはせず、どうしてもしなければならないことに精力を注ぐことである。そして、すべきことに優先順位をつけて、なんとしてもしなければならないことを一日の初めのうちにしてしまい、後回しにしないことである。

次に、他の人に任せておいてもよい事柄は、自分の手から離し、代替が効かず、自分でなければできない重要事項にのみ集中することである。

▼「どうしても……せねばならぬ」という物事は、それほど多いものではない。不可欠な事柄だけに絞って精力を集中させるのでないと、価値ある大きな仕事はできない。金も時間も力にも限りがある。これらを決して無駄に使わないことである。〔コラム39〕

〔コラム39〕

◆せねばならないこと だけをする

どうしても会わなければならない人、どうしても出席しなければならない会合、どうしても行かねばならない付き合い、どうしても目を通しておかなければならない資料、こういったものは、それほど多いものではない。

それらについて、自分で価値や軽重を見計って取捨選択していかないと、時間というものはいくらあっても足りなくなる。結局は、1日24時間、1週7日間のすべてを仕事に取られてしまう。

魂を養う時間を確保するためにも、青年期であれ壮年期であれ、仕事だけに時間を取られる生活をすることは、厳禁である。衰えて動けなくなった時期を迎えて、人の評価と成果だけを追い求めてきた自分とは、いったい何だったんだろうか、ということになってはいけない。

（『満たされた生涯』p.517～518）

▼人の働きに関しては、それぞれ委ねられ指定された領域がある。自分で望んだからといって、一人で全ての領域をやりこなすことは不可能である。働く姿勢で重要なことは、他の人のしている仕事が気になって目が移りやすいが、そんなことには脇目も振らず、自分に委ねられた領域の事柄だけに、自分の全精力を注入することが肝要である。

▼自分の仕事を成果あるものに仕上げる要点は、他人の仕事に気を逸らされずに、ただ一点自分の仕事だけに精神と力を集中して、早く終わらせることである。

四節　今日を大切にする

1　今日一日に精力を注ぐ

▼私たちのもっぱらなすべきことは何か。それは今日すべきことを、今日のうちに精力を傾けてし終わらせることである。私たちの手の内にあるのは今日という日であって、明日や未来に対してはどうすることもできず、ただ主の手の内にのみあるからである。

イエス・キリストが、私たちに次のように勧められた御言葉は、右記のことを語っている真実な諭《さとし》である。「あすのことを思いわずらうな。あすのことは、あす自身が思いわずらうであろう。一日の

苦労は、その日一日だけで十分である」（マタイによる福音書6章34節）。〔コラム40〕

▼将来を心配して憂えることからは、何一つ益なるものは生まれない。なぜなら、まだ起きていないのだから。天地が崩れたらどうしようかと夜も眠れず、食物ものどを通らないというような心配は、全く無用で心を蝕《むしば》むだけである。それよりももっと重要なことは、今日という日に今日の事に全力を注ぐことである。

〔コラム 40〕

◆生涯のために今日を生きる

ルターは次のように言った、「明日、この世の終わりが来ようとも、やはり私は今日、リンゴの木を植える」と。

その意味は、「明日にも世の終わりが来て、すべてのものが壊滅されるかもしれなくても、私には使命と未来の祝福の確約があるから、心配したり慌てたりすることなく、今日すべきであると私に割り当てられたことを、私は今日する」ということである。すべきことを確実にして、今日の自分の使命を果たすと、ルターは言っているわけである。

未来を心配して今日のことを行うのではない。今日私がすべきであることのために、今日それを行う。未来がどのような未来になるのかを決定するのは主であって、自分ではない。私がすべきことは、未来については主に委ね、未来が良きに導かれるように祈りつつ、今日すべきことを今日のうちに精一杯最大にする。これを日々重ねていくことである。（『死と神の国』p.121）

▼悪い夢にうなされない良い方法がある。平安のうちに熟睡することである。そのためには昼の間、精を出して働き、御心にかなって仕事を楽しむことである。

2　今日の一日によって明日を築く

▼自ら抱く大きな夢や願望と、今自分がしなければならないことや今日一日でなす仕事とが、あまりにも大きくかけ離れていて、「これでいいんだろうか」と、ふと悩むことがある。結論から先に言うと、それでよい。その今の仕事、今日一日の仕事の積み重ねが、大望に結びついている。せねばならぬと今している仕事が大志に直結している。その小さな今日のことがなければ、夢にも理想にも辿り着くことはできない。ピラミッドも何百万個といわれる角石の、下層からの一つひとつの積み上げでできている。

▼どんな大きな仕事も、今日すべきことを今日のうちに確実になせばよいという意味で、偉大ではない。目指すどんな高い山も、今いる場所の一歩を踏み出せばよいという意味で、高くはない。

全体を見るから怖気《おじけ》づき、不可能にさえ思えてくる。どんなことも今日すべき一歩の積み重ねである。重要なことは、今日すべきことをし損なわないことである。そうするならば、大きな仕事も完遂し、高い山も征服することができる。多くの人々が完遂も征服もできないでいるのは、今日すべきことを今日中にするのではなく、明日に延ばそうとするからである。

▼成功への近道は何か。それは、
①まず、長期的な展望を持って高い目標を定めること。
②次に、これを実行していくに当たり、課題に取り組み解決していく上で、焦らないこと。慌てることなく手抜きもしないこと。
③そして、その日にすべきことをやり残すことなく、着実にその日のうちに終わらせ、明日に向かって前進を続けること、である。

3　手近なところからまず始める

▼仕事を効率よくこなすには、気乗りがしたら始めるのではなく、直ちに身近なことから手を付けることである。始めさえすれば、二～三分もすれば仕事に乗って本気になっている。

▼初めから「できない」と言ったら何もできない。まずやってみることである。そのうちに気が付くとできている。

▼仕事を始めるのに、「どうもあの仕事は気が向かない」と怠け心が起きるくらいなら、「それなら別の仕事から始めよう」と行動すべきである。そうしているうちに、先ほどの仕事もやる気になっている。

▼仕事を確実にやり遂げていくポイントは、まず思い切って始めてみることである。先に本論から手を付けて、前にある序論や後で述べる結論はその後でよい。壮大にして高い目標は、意識の片隅に夢として持っておけばよい。それに執着したり心乱されることなく、実際の活動は、その日にすべきことを終わらせることである。

▼日々の仕事、特に新しい仕事というのは、なかなか手を付けにくい。だが、どんな仕事に対しても勤勉になるコツがある。すなわち、①まず思い切ってやり始めること、②できることから手を付けること。③優先順位を付け、優先度の高いものから終わらせていくこと、である。

①やり始めてしまえば、あとは次々と付いてくる。

②困難に見えても、一度手を付けると案外円滑に前進して、難しさが消えている。

③一日の熱意を優先すべき重要課題に向ければ、その積み重ねで重厚な人生となる。その逆に、どうでもよいことを先にしていれば、どうでもよい人生になる。

「今のときを生かして用いなさい」(エペソ人への手紙5章16節)、これが一日を有意義に過ごす秘訣である。〔コラム41〕

4　準備万端を待たずに始める

▼仕事に取りかかる場合、「直ちに始める」というのが鍵である。グズグズしていてはいつまでたって

も仕事が成らない。そして、その仕事をより良く仕上げるためのアイデアは、その仕事を為している間に湧き出てくるものである。

よほど大きな事業でない限り、しっかりした日程、人材、資金、配置などの計画を周到に企画し、準備を整えてからスタートさせる、という必要はない。

〔コラム 41〕

◆勤勉になるための秘訣

私たちが毎日の仕事で勤勉になるようにするには、2～3のコツがある。これさえ実行していけば､1日を有意義なものにしていける。

コツの1つ目は、まず思い切ってやり始めることである。やり始めてしまえば、あとは付いてくる。気が付いた時にはもう昼を迎えている。

2つ目は、できることから、自分にとって容易にできるところから手を付けることである。順序立ててしようとするから、なかなか全体ができ上がらない。困難に見える仕事も一度手を付けてしまうと、意外と難しいものではなく、核心に向かっているものである。

3つ目は、1日の熱意の初めを、どうでもよい無駄なことに注がないことである。朝からすることは、最も優先度の高いものからこなしていくことである。その日の初めを雑用に当てるようなことをしていたら、その日は無かった日と同じになってしまう。どうでもよいことを繰り返せば、どうでもよい人生になる。しかし、その日の最重要課題をその日のうちに解決していくならば、高価で重厚な生涯となる。　（『天命に立つ』p.486）

一般の仕事は、思案して不安の中にあるよりも、まず始めるということが完成につながる。

▼どんな仕事であっても、アイデアが浮かんだら直ちに手を付ける、これが成功への近道である。それを完成するための手段や手順を熟考し、その効果を予測し、準備するためと称して、いつまでも調査を続け、資料を集め、関係者の意見を聞き、構想を練っていたのでは、最後には手を付けなくなる。困難と危険《リスク》が目の前で詳しい説明を始めるからである。

大雑把で不十分でもよいからまず始める。それから調査し、熟考するようにしても、何ら遅くなることはないし、支障をきたすこともない。むしろやっているうちに、さらによいアイデアが出てきたり、手法が見つかったり、協力者さえ現れてくるものである。

▼自転車に乗り始める頃、「二本の輪では絶対に立つわけがない」と固く信じている。その彼に、倒れないで走れるようになるために必要なことは何か。彼に不足しているものは何か。知識だろうか、情報だろうか。違う。ペダルを一踏みして漕ぎ出すことである。漕ぎ出せば自転車に乗れている自分を発見する。そして彼の頭脳のうちにパラダイム変換が起きている、「二本でも立てるんだ!」と。

パラダイムとは、事実の積み重ねから確信されている一定の枠内の思考様式である。事業であれ信仰であれ、自分で漕ぎ出すことから生まれてくる。そのパラダイム変換は、未知の世界へ漕ぎ出すことから生まれてくる。事業であれ信仰であれ、自分で漕ぎ出してみると新しい世界があることを知り、別のパラダイムが存在することを体験する。そして不可能と思われていたことが、実は可能であることを知る。可能になるパラダイムを自分のものにするには、自

転車と同じで、自分の足で踏み出すことである。〔コラム42〕

〔コラム 42〕

◆パラダイム変換で可能に

1962 年に米のプリンストン大学の教授であったトーマス・クーンは、著書『科学革命の構造』で、初めて「パラダイム」なる語を使って、科学史を論じた。彼によれば「パラダイム」とは、「広く人々に受け入れられている業績で、一定の期間、科学者に自然に対する問い方と答え方の手本を与える思考の枠組である」と言う。一言で言えば、ある事実の積み重ねから確信されている一定の枠内の思考様式のことである。

過去の経験や知識から形成された私たちのパラダイムによれば、海が 2 つに割れてその底を何十万人もの人々が、家財道具を携え、群れをなして歩いて渡ったとか、私たちの生活の中でどんな困難や難問が降りかかってきたとしても、主が臨まれるならば不可能なことはない、と言っても理解しがたいことである。だが、自分にパラダイム変換が起きると、それを信じることができるようになる。また事実、自分の実際の生活の中にそれらが起きていることを体験する。

（中略）パラダイム変換が起こると、不可能と思われていたことが可能になる。パラダイム変換していただき、今までとは別にある素晴らしい世界を体験できる者とさせていただきたい。

（『天命に立つ』p.134 ～ 135）

第五章　力を得た働き

序　逆境時の学修

私たちの数十年にわたる仕事人生のうちには、いろいろな出来事が身に起こってきます。大きくは三つの場があると言ってよいでしょう。土壇場、踊り場、正念場です。①土壇場とは、予想もしなかった時に大問題が襲ってきて、絶対絶命の危機に曝《さら》される場合です。②踊り場は、端的に言えば逆境の時で、誤解や無理解によって冷遇される場合です。③正念場は、ここしかないと活躍するチャンスの時機です。

三つの各場で問われることは、それぞれ違います。①土壇場で問われることは、いかにしてその危機を切り抜けるかの機知と勇気です。斬られる前に斬ることです。②踊り場では忍耐力と柔軟性が問われます。対応の要点は、状況が打解されるまで待つことと、正念場の時のために力量を蓄えることです。逆境にあるからこそ、これを糧として、自分の人物と品性を磨くことも忘れてはならないことでしょう。③正念場では、その人の真価が問われます。正念場を迎えての活動ポイントは、今までに蓄えてきた知識や経験、それに練り上げてきた計画と信念の全てを出し切ることです。「生涯で、私はこれをした」と言える大仕事をなし遂げ、自分の使命を果たし終えることです。

私が、踊り場にあった時のことをお話しします。取締役になったばかりの四十三歳の時のことでした。社長から、「二兎を追う者は一兎も得ずだ。経営は命懸けでするものだ。会社を採るのか教会を採るのか、どちらかにしてくれ」と迫られました。教会を採った私は職と責任を干され、公職も解かれ、ガラス窓の小さい一階北側の電算機室へ入れられました。信仰に生きる私は途方に暮れ、苦悩の日々を過ごしました。役員としての相談も会話も許されず、外出も止められました。

そんな時の私は意外と平安でした。「今は自分の出番ではない。主役は主であって、私は幕袖の脇に下がって隠れる時である。そのうちに舞台に上がって演じなければならない時も来るだろう」と信じ、主が解決を与えてくださる時まで、耐えて待つことにしました。その間に私がしたことは、閑職に追いやられて時間に余裕が持てるようになった今こそがチャンスとばかりに、いずれ来るであろう正念場で実力を発揮できるよう、学修に力を入れることにしました。強要を受けて八か月後に、私の二十年前の社内報に載った証詞を、その二十年後に自分の机の中から引き出して奇跡的に自ら目にした社長が、「君にはもっと大きな仕事をしてもらわねばならないね」と復権の時を告げたのですが、それまでの間に、次の書籍によって学修を積み、展開すべき経営の構想を練りました。すなわち、①マイケル・E・ポーター『競争の戦略』、②フィリップ・コトラー『マーケティング・マネジメント』、③P・F・ドラッカー『マネジメント・フロンティア――明日の行動指針』、④鎌田勝『社長の名言格言集』、⑤田辺昇一『心に革命を起こせ』などです。

この八か月の学修の間にも、迫害を加える社長のために私は祈りました、「主よ、このことによって社長があなたのさばきを受け、滅びに至ることがありませんように」と。

一節　信仰力を得る

1　誰よりも積極的に働く

▼なぜ仕事に勤《いそ》しむことは幸いに結び付くのであろうか。それは、「怠る者は自分の獲物を捕えない。しかし勤め働く人は尊い宝を獲る」（箴言12章27節）とあるように、仕事に精出すことは、物質的にも精神的にも、尊い宝を自分に引き寄せることになるからである。

▼事をなしていくときに、悲観的に考える場合と楽観的に考える場合と、どちらが成功の確率が高いであろうか。当然のことながら後者である。新しいことをなす場合に、その過程に困難や不安は付きものである。「やっぱり来ちゃった」と難しさに悩まされ、「やはりできない」となるのと、これとは反対に、「これは承知の上だ」と構えて「どうしたらできるか」と取り組んでいくのと、どちらのほうがより強烈に前進して行けるかは言うまでもない。

▼異なった種類の仕事を同時並行的に重ねて進めよ。一つの仕事が終わったら次の仕事にかかるようで

は、多くの仕事をすることはできない。時間の有効利用と仕事間の相乗効果を期待するのであれば、忙しいほうがかえって効率が上がる。

▼老年になって顧みて言えることは、「能力があって努力を怠った人よりも、少々能力に不足があっても誰よりも努力した人のほうが、すばらしい結果を残す」ということである。これは仕事についてだけ言えることではない。人生についても言える。

2　常に僕であることに徹する

▼組織の長たる者が長として成功したいと願うならば、どのようにしたら必ず成功し、高い成果を上げられるかの秘訣を、聖書は教えている。「あなたがたの間で偉くなりたいと思う者は、仕える人となり、あなたがたの間でかしらになりたいと思う者は、すべての人の僕とならねばならない」（新約聖書・マルコによる福音書10章43～44節）と。

組織の上位に行けば行くほど、部下として使う人々の下に立って、人々の能力を引き出しつつ、主の僕として働く。こうすればその人は偉くなり、事業の成功も間違いなしである。

▼仕事を、苦難の多い労働から喜びの多い奉仕に変える秘訣がある。それは、自分はその仕事によって神の栄光を現すために、主からその職場へ派遣されているキリストの僕であると、認識することであ

る（エペソ人への手紙6章5〜8節参照）。

▼キリストの僕であることは、千人の長、万人の長になるよりも価値がある。全知全能の神と親しくあり、天国入国と永遠の命が約束されているという意味で価値がある。それゆえにキリスト者は、一組織の長を採るかキリストの僕であることを採るのかの二者択一を迫られた場合、キリストの僕のほうを採る。キリストの僕であることが昇進の妨げであり、左遷の原因であり、迫害を招く元であったとしても、キリストの僕であり続けることのほうを採る。たとい人が全世界をもうけても、自分を損したら何の得にもならないからである（マタイによる福音書16章26節参照）。

キリストの僕というものは、なりたいと欲してなれるものではない。人の努力や修練を積むことによってもなれるものではない。主が嘉《よ》しと認めて引き上げ、側《そば》に置いてくださるのでなければ、キリストの僕になることはできないからである。〔コラム43〕

3　主の従順な道具になりきる

▼人物の偉大さは、主の道具になりきれる度合いによって測られる。イスラエル民族の父祖アブラハム然《しか》り、出エジプトの大指導者モーセ然り、使徒にして最高の伝道者パウロ然りである。彼らは己《おのれ》の考えや希望を前面に押し出して主張するようなことはしなかった。主から命じられるままに従って行動した。その結果、偉業を成し遂げることができた。

彼らがもし主の開く口を抑えて、己の欲求を押し通していたなら、決して主の栄光を現す業を成すことはできなかったであろう。

誰でも、真に偉大な働きを完遂したいと願うならば、それに必要なことは、自分の欲求を空しくし、主の命じることの僕になりきって、主の御旨を実行する道具になることである。この道具になりきれる程度によって、そこから結果として現れる業績の大きさと価値は決まってくる。

〔コラム 43〕

◆キリストの僕であることの尊さ

キリストの僕は、なりたいと思ってなれるものではない。なりたいと願ってなれるものでもない。百人の長、千人の長は、本人の願望と努力によって、なりたいと思えばなれないこともない。しかし、キリストの僕は、本人がどんなに望んでも、宣言しても、どんなに力を注ぎ修練したとしても、あるいは金銭資産を山ほど積んだとしても、なれるものではない。

その者を主が義と認め、主との正しい関係に入ることを赦し、主が主の支配する領域へ引き上げてくださるのでなければ、キリストの僕になることはできない。キリストの僕の立場は、人間の意志や願望によらない。それは主のあわれみ、恵みという、主の側のご意志のみによる。

（中略）このように、永遠の命が約束されているキリストの僕になることは、千人や万人の長になることと比べものにならないほどの価値がある。

（『聖潔の探究』p.215 ～ 216）

▼同じような能力の持ち主でありながらも、心の持ち方の違いによって、目標めざして出せる力に強弱の差が出てくる。利己主義に基づいて、自分の利益をなんとか最大にしようと働かせる力は、常に弱小であってかつ永続性がない。ところが、自分を捨て、主の御旨のために働こうとする者の力は、忍耐力があって驚くほど強大である。しかも疲れることを知らず継続性もある。

その違いが出てくる特徴を挙げると、一方は自分の主張や理想のために、自分というものを中心にして前面に押し立てているが、もう一方は、自分は主の道具になりきっており、僕として使われることに感謝と喜びを見いだしているということである。

4　主の知恵をいただく

▼事を成そうとする場合に、適宜適切な方法を採用することは、成功への鉄則である。それでは、その仕事を成すのに最も適した方法を、どのように発見することができるであろうか。それには、世に多く行われている手法の見聞と、その方法に対する自らの研鑽を、普段から積んでおくべきことは言うまでもない。それに加えて、最も大事なことは、祈りによって、人の知恵を超えた主の知恵を開示していただくことである。

聖書には、「知恵に不足している者があるか、神に願い求めよ。そうすれば与えられる」（ヤコブの手紙1章5節参照）とある。

▼仕事のための手法の知識見聞を、自らに深めておくことが重要であるのは、誰もが承知していることである。技法や手法を研鑽しておくべきは、その方法がどんなに有効で適格な方法であったとしても、自分の身に付いているのでなければ、実践に使うことができない。これらの修得に加えて、私心を排して深慮しつつ、敬虔な態度をもって主の知恵の開示を熱心に祈り求める。それをするのは、全知全能の主が、人知を超えて最善の道を示し、開いてくださるからである。

▼あまり多くの人に知られていないが、成功を収めるための、確実な方法がある。

①まず聖なる主と親密になることである。親密になって主の意向に沿った人には、主は最善の計画と実行力をその人に備えてくださる。

②第二にすべきことは、主が授けてくださった企画と機会を、自分の好嫌や意向を挟まずに受け入れ、それをすぐに積極的に取りかかることである。

この隠れた手法は、仕事だけではなく、日常の個人生活や家庭生活にも適用できる最良策である。

5　主の力に導かれる

▼主は仕事に召した者へは、霊を満たし、また聖霊の導きによって発想力や管理力、指導力、それに技能さえも授けられる。モーセに仕えた技術指導者ベザレルはその例である。「彼に神の霊を満たして、知恵と悟りと知識と諸種の工作に長ぜしめ、……また人を教えうる力を、彼の心に授けられた。

〔コラム 44〕

◆行動先行の信仰

カナンの地へ入ろうと、イスラエルの民はヨルダン川の岸辺まで来た。ところが、増水期の急流は、意に反して何の変化もなく滔々《とうとう》と流れている。このまま川に入っていったら溺れるだけである。しかし、祭司たちも、主がヨシュアに約束した言葉を信じた。主の契約の箱をかつぎながら祭司たちは水際に向かい、入っていった。そうしたらどうだろう。祭司たちの足の裏が水面に着くか着かないうちに、水は上流で止まり、見るみる水が引いていった（ヨシュア記3章15～16節参照）。

（中略）ここで重要なことは、足を踏み入れてみたら、水が引いたということである。前進していく前方の状況は何ら全く変わらない。見える所は困難以外の何ものでもない。どう考えても人の手には不可能と見える状況だけである。だがそこに主の約束があるならば、主が解決してくださると信じて、問題のただ中へ自分の足で踏み込んで行くことである。そうするならば、その信仰を主がよしとされて、人知では到底測り知ることのできない主の力が、その問題の上に現れる。そして不可能なことが可能とされる。

主の業は、全知全能である主の力を心から信じて、行動する者の上に現れる。そのような信仰を主が喜ばれるからである。　（『天命に立つ』p.255～256）

……諸種の工作をさせ、工夫を凝らして巧みなわざをさせられた」（出エジプト記35章31、34、35節）

とある。このように、秀でた仕事をするには、自分の力以上に、聖霊の満たしが重要である。

▼元漁師であったゆえに、漁については専門家のペテロたちが、一晩中働いてもなんの獲物も捕れなかったのに、主イエスから「舟の右に網をおろしてみなさい」と言われたので、そのとおりにした。すると重くて網が引き上げられないほどの大漁になった（ヨハネによる福音書21章3～6節参照）。この事件は、自分の知識や経験では及ばないことさえ、主の御言葉があってそれに従うときには、豊かな結果へ導かれることを示している。

▼ヨルダン川の水は季節が来て溢れていた。ところが、カナンの地入国の指導者ヨシュアたちが神の言葉を信じて、川に足を踏み入れた途端に水は引き、道が開けた（ヨシュア記3章16節参照）。このように、信じて行動する者には御言葉が事件となる、そして成就する。しかし信じない者には何も起こらない。

もし不可能を可能にしたいと願うならば、困難な実情に目を奪われてはならない。神の約束を信じて行動することである。今は成っていなくても、行動する者へは主が成らせてくださる。信じて行動を開始する者へは、人知ではとうてい考えられないようなことが、実業の世界であっても、自分の目の前に起こしてくださる。〔コラム44〕

6　信仰によって仕事力を得る

▼今までにないような創造的なアイデアは、どのように生まれ、閃《ひらめ》きとして与えられるであろうか。前

準備としては、それに関する最先端の学修が必要である。その次に、この問題を何とか解決したいとの、岩をも貫き通すほどの熱意が必要である。そのように自分を整えた後は、全知全能の主の知恵と導きをいただきたいと祈ることとである。

抱いている計画が人々の生活を豊かにし、主の栄光を現すことに叶ったことであるならば、解決するためのインスピレーションを主は与えてくださる。それは聖霊による啓示、すなわち霊感と表現してもよいほどのものである。

▼労働は霊的な生活の一部である。パウロは告白して、「日夜、労苦し努力して働き続けた」(テサロニケ人への第二の手紙3章8節)と言っているように、テント造りの労働をしながら、当時の世界各地へ福音を伝え続けた。御子キリストも、「わたしの父(神)は今にいたるまで働いておられる。わたしも働くのである」(ヨハネによる福音書5章17節)と言われた。現在の私たちも勤労という働きを通して、主に忠実に仕えることができる。

聖書では私たちに、次のように勧めている。「兄弟たちよ。あなたがたは、たゆまず良い働きをしなさい」(テサロニケ人への第二の手紙3章13節)。「だれでも良いことを行えば、僕であれ、自由人であれ、それに相当する報いを、それぞれ主から受ける」(エペソ人への手紙6章8節)。

▼「経営は命懸けでやるものだ」、「信仰を捨て、仕事に専念しろ」、「二兎を追う者は一兎も得ずだ」と嚇《おど》されたことがあった。しかし私にとってはむしろ逆で、信仰があるからこそ、経営や諸々の課題に

命を懸けるほどにまでして取り組むことができる。信仰と実業は両立するばかりでなく、相乗効果さえ与えられ、経営と信仰が互いに刺激し合い知恵を出し合い、仕事をより良く全うすることができる。

▼私が経営を進めていく上で、信仰から力が与えられたこととして、次の例を挙げることができる。すなわち、「信仰とは望んでいる事がらを確信し、まだ見ていない事実を確認することである」（新約聖書・ヘブル人への手紙10章1節）との御言葉から、今取りかかっている仕事は成功するとの確信を持っていて、失敗ということを想像しなかった。そういうわけで、まだ実現してはいないけれど、いつも完成した姿を目の前に見ながら、今日現在の課題や難問に心と精力を集中して取り組むことができた。その結果、最後にはそのとおりに成就した。

▼食うために働くとか享楽のために稼ぐといった働き方には、力を注ぐことに限界がある。人はそれでは満足しきれないからである。そのような働き方ではどこかに空しさを感じ、「これでよいのだろうか」と魂に渇きを覚えるようになる。人の生きる意味は、食ったり遊んだりするところにはないからである。

　このような生き方に覚醒を与え、真実の道を示すために、主イエスは次のような光を投げかけられた。「人はパンだけで生きるのではなく、神の口から出る一つ一つの言《ことば》で生きるものである」（マタイによる福音書4章4節）と。

二節　自分を生かす

1　穏健な態度で対応する

▼腹を立てるな。ヤル気余っていきり立つな。なぜなら、人というのは、剣をもって斬りかかるよりも、微笑《ほほえ》みをもって迫ったほうが、物事の解決が早く進む場合が多いからである。

▼移って行った新しい環境で、最も早く自分を堅立させる良策は何か。自分では長すぎると思われるほどの長期にわたって、口を噤《つぐ》むことである。新しい職場や新しいグループ、新しい会合、新しい組織などへ自分が途中から参加していった場合に、できるだけ早くその中で自分の実力を発揮して、活躍できるようになる方法は、しばらくの間言動を慎み、提案を差し控えることである。

それは新入者によって自分の地位を脅やかされるのではないかと危惧する既存メンバーに安心感を与え、それらの人々の良い点を認めて顔を立てるためである。

そして発言と行動を求められたときにのみ、急所を突いた適切な言動を試みることである。そうするならば、新しい環境の人々の信頼を得て、その後の行動がしやすくなる。

▼自分の力を弁《わきま》えないか、相手の力を知らない者は、カマキリが勇ましく鎌を振り上げて車に立ち向か

うようなものである。意気は壮であっても、一〇〇パーセント踏みつぶされてしまう。不相応の高望みをせず、現在に精力を注いで、自分の実力よりも少し上の活動をするのが成功への道である。

2　修得知識を仕事に実践する

▼自分に天賦された才能を開花させ、人々に貢献できるような成功に向かって、自らを築こうと志す者は、日々の与えられた仕事だけをして日を過ごすようなことであってはならない。一日二十四時間の寸暇を惜しんで無い時間をひねり出し、睡眠時間を切り詰めるようにして、学習を積み重ねなければならない。自己啓発によって未経験の世界の知識を吸収し、技能を身に修め、それを自分が現在している仕事に加えて試してみる。このようにすることを絶え間なく続ける必要がある。

▼学習することは重要である。だが学問に励んで知識を積んだだけでは意味がない。その学習したことを自分の仕事や活動に適用し、実践することである。学んだことを行動に移して、はじめてその知識や技能は生きてくる。

学んだことを実践すれば、その学びに貫かれている思想をも理解し、発展応用させて次の仕事にも結びつけていくことができる。

▼教師は最低限必要な基礎しか教えてくれない。応用して成果を残すためには、本人が工夫して積み上

げ、取り組まねば得られない。これが「守、破、離」の守と破に当たるものである。学んだものを土台にして、あとは自分で考え、実行するのでなければ、離の域に入るほどの成功はない。

▼事業を成功させることにおいても、人生を成功させることにおいても、科学と信仰を対立させる必要は全くない。どちらをも堅立させる秘訣は、科学と信仰のどちらの領域をも尊重して、侵犯しないことである。これは消極的な言い方である。もっと積極的に言うならば、両者が補完し合うことである。相互協力をするならば相乗効果によって、どちらか片方に信頼を置くことの二倍以上の成果を達成することができる。〔コラム45〕

3　良い仕事のために健康を保つ

▼健康に気を遣い過ぎる必要はない。また健康維持のためと言って過剰な投資を自分にする必要もない。しかし、良い仕事をし続けるためには、その条件として、身体が健康であることは必須条件である。精神の健康が第一条件であることは言うまでもないが、身体が頑健でなければ、志したものを実行に移せないし、活動によって実現に至らせることもできない。

不規則な生活によって健康を害したとか、過食によって身体を壊して成人病を招いたとか、睡眠不足で思考が十分に働かず判断を間違えた、などということは、よくあることである。これらとは無関係な自分にしておき、常に心身を共に爽快に保って、与えられた仕事に励んでいきたい。

〔コラム 45〕

◆最善は科学と信仰の相互補完

科学の分野も信仰の分野も、それぞれ人間が活動する分野であり、一方だけに片寄る必要はない。どちらの分野も主の支配下にある分野で、それぞれに主は異なった方法で提示し、異なった方法で統治・維持し、そこから得られる恩恵も、それぞれ異なったものを与えようとしておられる。

どちらの分野も、主によって創られた人間がなすべき活動分野である。両方の分野を同等に活動してこそ、人間として健全である。どちらの分野も、互いに拒絶する必要はないし、対立・非難する必要もない。どちらも主が御心を留めて愛しておられ、御手に入れて治めておられる分野である。

したがって、科学も信仰もそれぞれの分野を尊重し、それぞれの有益性を認めることが肝要である。また、取り組み方も、人の頭脳と心といった違いがあり、活動する部分も受け取る部分も異なるので、互いの分野をそれぞれの思考方法で侵略したり、互いの領域を侵犯しないことが重要である。

最も良い取り組み方は、互いに補完し合うことである。それぞれの視点や思考方法に良さがあるので、互いに他の分野の有益なところを採って、自分野の展開に活用するのがよい。そうするならば科学の分野も信仰の分野も、互いに支え合い、自分野を確立するのに互いを役立てることができる。　　　　（『キリスト教信仰の基礎知識』p.129 ～ 130）

▼身体を健康に保つコツは、規則正しい生活をすることである。腹八分目にし、適度な運動を欠かさな

い。長さではなく十分な深さの睡眠を摂り、煩悩のない健全な精神にしておく。病には予防と早目の治療に努めることも忘れない、などである。

▼人生を充実させて幸せになるために、人には仕事が与えられている。人は「週に六日働くべき」（出エジプト記20章9節、35章2節参照）である。これよりも多くても少なくてもいけない。四〜五日仕事をしたならば、一〜二日は異質な他の活動をする。そして最後の一日は働きから全く離れ、その日を聖別して礼拝に専念する。これが生涯にわたって健康を保ち、幸せをもたらす最善の日々の暮らし方である。

▼何事も「過ぎる」のは良くない。しゃべり過ぎ、親切のし過ぎ。「過ぎたるは及ばざるがごとし」で、度を過ぎてすることは、足りないことに等しい。仕事も同じである。仕事が自分を夢中にさせる、あるいは周囲からの要請が多い。だからと言って、自分の霊性を損ね、健康を害するほどに働くことは、決して褒めたことではない。

4　自分自身さえ知らなかった才能に驚く

▼理系の私が技術・開発・製造に力を入れ、それに自信と誇りを持って責任者の職責を果たしていた際中に、有能な営業部長であったO氏は、社長に進言して、私を営業部長に就け、自分は私の下に入っ

た。これによって私は自分の異質の才能に目覚め、仕事に関わる守備範囲を広くし、さらにゼネラリストに一歩近づくことができた。

私を育てたのは父母であるが、社会人として育てた教師の一人にO氏がある。

▼自分の生涯をかけて貢献していくライフワークと言われるものは、働き始める最初から、「これがそうなのではないか」と確信を持って見つけられるものではない。現在自分がしている仕事を確実にこなしているうちに、長年月が経って後を振り返ってみたときに、これが私のライフワークだったと見えてくるものである。

ライフワークが最初からはっきり見えていない理由は、自分の天賦の才能がまだ実践の場に全部は現れていないからである。働き始めの頃というのは、仕事に対して抱いた自分の希望は、経験の浅い既得の知識や夢から出てきたものでしかない。しかし、人には自分でさえ気付いていない隠れていた才能があり、働いて何かを一つひとつ成していく間に、その隠れた才能が開花して現れてくる。それらの才能が発揮され積み上げられて、その人のライフワークを形成していくようになる。

三節　不遇を活かす

1　不遇時こそ実力養成に活用する

▼日が当たらない時期というのは、日が当たる時のためにある。退いて隠れるべき時には、充電を怠ってはならない。それはその後に活躍の場が与えられた時になって、自分の持てる才能を全開させて、人生の一大事業を成すためである。「黙るに時があり、語るに時がある」ものだ。そして「戦うに時があり、和らぐに時がある」（伝道の書3章7、8節）。この「時」を見誤ってはならない。〔コラム46〕

▼職場にあって認められないときは、じっと静観して充電に努め、いったん登用されたなら、全力を発揮して成果を捧げる。これが組織に仕える者のあり方である。

2　脇役を務めて主役を待つ

▼どんな名優でも最初から大役を与えられることはない。端役、脇役を上手にこなしてから、主役が割り当てられる。仕事場においても、どんなポジションであれ、自分を生かして力を抜くことなく十分に演技する者だけが、大役に抜擢される。

▼若者が職に就いて高い給与の獲得を望むならば、自分に当てがわれた仕事を不満なく確実にこなすことである。それも誰よりも早く、期待された以上に良く仕上げてしまうことだ。そうしたならば、次にはより重要で責任範囲の広い仕事を任される。そこには自ずと地位も給与もより高く付いてくる。

〔コラム46〕

◆適切な「時」を見極める

人生には、それぞれ自分で業《わざ》を成すのに最もふさわしく、かなった時というものがある。主は私たちそれぞれに、いろいろな時というものを与えていてくださる。その「時」は人それぞれによって異なる。

「生きるに時があり、死ぬるに時がある。
壊わすに時があり、建てるに時がある。
泣くに時があり、笑うに時がある。
悲しむに時があり、踊るに時がある。
保つに時があり、捨てるに時がある。
黙るに時があり、語るに時がある。
戦うに時があり、和らぐに時がある。」

（伝道の書３章２～８節）

組織にあって自分に日が当たらない時期は、引き下がって充電すればよい。活躍の場を与えられた時は、乾坤一擲《けんこんいってき》ここぞとばかりに全精力と全能力を傾けて、業績向上に邁進すればよい。チャンスはそうしばしばやってくるものではない。その巡り合わせや運命を逃がしたら、自分の人生でそのようなチャンスはもう二度と訪れることがないかも知れない。

（『天命に立つ』p.368～369）

3　希望から外れた職種でも次への糧とする

▼好きな仕事など、そうザラにあるものではない。与えられた仕事を好きになるほうが、仕事から喜びを得るには、ずっと早く確実である。

▼私の仕事人生で、配置されたり任された仕事の職種も職場も課題内容も、いくつかで私の希望や意志に添うものではないものがあった。組織の中にいる仕事人とは、そういうものである。自分の意図したり希望したとおりにいかないというのが通常である。

しかし私は、与えられた新しい仕事を悲嘆したり恐れることなく、常に前向きに捉え、私でなければできないであろうような創意と工夫を加えて、期待される以上の成果を残すように力を注いだ。この姿勢が、私の仕事人生において、好結果をもたらしたことは言うまでもない。

▼「これなら、あの人に頼もう」、そう言われるようになれば一人前である。何でもよい、どんなことでもよいから、一つの職務で信頼される人間になることは、仕事人としての目標である。

4　中小企業の弱点を自分の強みにする

▼私が大学四年生の求職時に急性腎炎に罹って、大企業への就職の道が閉ざされ、秋になって創業十三

年目で従業員が二百名のベンチャー企業に導かれたのは、幸福と成功への入口であった。その企業にとって十名弱の大卒採用は初めてであり、内部はすべての事柄がこれからという体勢で、苦労は多いが創意工夫がすべて生き、働き甲斐を感じつつ、私のアイデアを次々と実現させて、急成長という報酬を体験することができた。現在は日本国内だけでなく海外のあちこちにも子会社を持つ、ジャスダック上場の数千名の従業員の企業に育っている。

▼職場を選ぶに当たり、大組織必ずしも好機ならずである。大組織においては有能な人材が多数おり、職務内容も細分化され、仕事の進め方もルール化されていて、大きなことを自由に展開したいと思っても、その機会を得るのは非常に難しい。これに対して、起業して間もない小組織においては、進むべき方向が多数あり、解決せねばならない目の前の課題も山積していて、創意を発揮し敏腕を振るう機会が多数ある。

大組織でも、小組織でも、それなりの強みや弱み、特徴があるので、これを活かしていきたい。

▼誰であっても新入社員である自分が真面目にコツコツ働くのは当たり前。これに留まることなく、創業何年も経っていない会社だからこそ、すべてが整っているわけではなく、制度もやり方も欠陥だらけ。それでもこのような状態に失望するどころか、やり甲斐があると捉え、自分の昇進昇給よりも、「この会社を人々から喜ばれるような有益な会社にしよう」と情熱を燃やし、次々とアイデアを出しては工夫を重ね、提案したことを実業に展開していく。それも自分の名を出すことなく上司や社長か

ら出たものとして、出る成果の実を取る。このような青年が一人でもいる会社が、発展しないわけがない。

第六章　仕事の心構え

序　昇進を早めるための秘訣

昇進・昇給を早めるにはコツがあります。また、より重い責任と広範囲な職域を統括する職位に就くには、秘訣があります。私が採った方法を紹介しましょう。

平社員から中堅管理職までの間では、次のようにすることに心掛け、実行しました。

①一段上の職位の仕事をする。平社員の時には係長の、係長の時には課長の、課長の時には部長の仕事をしてしまう。恐れることなく自分からその仕事を奪って、積極的に遂行してしまい、それができることを周囲に見せて納得させる。

②人事異動はチャンスと捉え、その部門のプロになるように自己研修する。「それは彼に聞けば分かる」ところまで自分を磨くと共に、異動ごとに社内でのキャリアと能力を広げ、活動可能な仕事の領域を大きくする。

③どの部門に配属されようとも、「あの仕事は彼がやった」と言われるほどの、会社の財産となるよう

なものを必ず残す。

上位管理職から重役時代までは、次のことを実施しました。

①全社的な経営ビジョンを示す。何をしたいのか、どうあらねばならないのかの長期的な未来像を明確に見せる。

②それを実行するための戦略的な計画を立案する。口頭ではなく文書に明示して、全社に徹底する。

③計画実施に当たって批判や抵抗があっても、断固決断して展開していく。

④社員が積極的に自分から動き出すように、意欲を引き出す方策を次々に実施する。

⑤平凡な人々から非凡な能力を引き出す。そのために人材教育と能力開発に力を入れ、創意やヤル気などを促す施策を、運動や様式を定めて実施する。

以上のことを実行する上で、常に私の心の中心にあったことは、「人々に仕える」という思いと態度でした。

一節　信念を貫く

1　信念をもって突き進む

▼志は高く、大きいほうがよい。そのための方策と計画は、綿密でなければならない。それを実行して

いく段階では、「絶対にできる」との信念のもとに、天の導きと目標の達成を信じて、着実に進めていくのがよい。

▼主からの力を受けて、断固やり抜くとの意気をもって当たれば、「止《や》めよ」との誘惑も、「無理だ」と思わせる患難も後へ退く。高い志とどんなことも乗り越える気魄なくしては、充実した成果を生み出すことはできない。

▼「初めに言があった。…すべてのものは、これによってできた」（創世記1章1、3節）。このようにそれをなそうとする意欲と構想さえあれば、世界さえ創られる。仕事は与えられてするものではない。奪うものである（マタイによる福音書11章12節参照）。備えられたものを難なくやり遂げるだけでは、新しいものは創られない。創意と工夫をこらし、未知なものに挑戦し、未開地を切り拓いていってはじめて、人類を豊かにするものは造られる。命は短い、世界は広くて永い。だからこそ与えられた命を有効に使いたい。〔コラム47〕

2　妨害をもろともしないで進む

▼清濁共に横行する世の中にあって、自ら信じることの正しさを貫き、立場を鮮明にするためには、地位を剝奪され、食の道を絶たれ、命を危うくする迫害に遭っても、これに耐えて戦うほどの覚悟をも

〔コラム 47〕

◆仕事に果敢に挑む

私は、連携した業務処理用にコンピュータ・システムを全社に導入し、普及させることを通して、総合的に物事を考えることの重要性を学んだ。また、幅広く物事を考え、職務をこなしていける自分へと改造していった。そして、自分に向いている仕事なのか、または自分はそれができる力を持っているのかも判断できない仕事に対しても、積極的に挑戦した。それでもそれをやり遂げることによって、やればできる自信を身に付けた。

「仕事は与えられるものではなく、奪うものである」、これが私のモットーであった。用意されたものをそつなくこなすのではなく、未知のものに挑戦し、自分で創り出していくものである。仕事は他から押しつけられるものではなく、自分の構想と創意によって構築し、創り出していくものである。その事を成そうとする意志と構想さえあれば、世界であっても創られるものである（創世記１章１節参照）。

１日を時間つぶし的に仕事をしても、１日は１日。１日の 24 時間を 48 時間にもして、持てる力を発揮しつつ、新しい成果を築き上げるのも１日である。短い命は有意義に使いたい。

（『満たされた生涯』p.229 ～ 230）

ってしなければ、自分の確信することを貫徹することはできない。

信じる道を行くことは、企業戦略や政争といった戦いとは異なる。信じることを曲げずに貫き通すことは、霊の戦いである。この霊の戦いは、サタンの価値観が支配する世との戦いであって、この悪霊と戦うには、神の武具で身を固めた信念をもってしなければ、勝利することはできない（エペソ人への手紙6章11～12節参照）。

▼高くして真っ直ぐに立つ杉木ほど、先に伐《き》り倒されてしまう。自分が経営幹部の職位にあるからといって、必ずしも満帆で高く上へ伸ばさせてくれるとは限らない。周囲には、「ヤツをいつか伐り倒してしまおう」と目論む者がいるもので、足を引っ張る機会を狙っている。

上に立とうと意欲溢れる者は、失敗させてやろうと画策する連中を吹き飛ばすくらいの知恵を働かせ、それらを陵駕していくほどの、英気と機知を発揮する必要がある。

3　志を高く持つ

▼未来の夢が大きい人ほど、現在の困難を克服していく力も大きい。その力は現在にあるのではなく、未来にあり、その未来が現在の自分の力を引き出してくれる。

ゆえに、抱くビジョンは大きいほど良く、そのビジョンが、達成する力もそして大きい意欲も与えてくれる。

▼人生にしろ、仕事にしろ、目標は、Ⓐ自分の能力に応じて定めるべきか、Ⓑ自分の能力を超えて高く設定すべきか、どちらであろうか。前者のⒶでは、自分の能力の開発・伸長はない。Ⓑの後者であっ

てこそ、自分の能力を伸ばすことができ、不可能と思えた高い目標をも達成することができる。

▼志には、その大志を実現させるための備えるべき二つの要素がある。一つは、鮮明な目標が明示されていることである。二つ目は、その目標を達成するんだとの強烈な意欲が備えられていることである。

達すべき目標が明確になっていなければ、それは夢であって希望に終わってしまう。また世の情勢は自分の思うようには進んでくれない。そのような世情にあって、志すところを実現させるためには、固くて強い意欲なくしては、到達すべきところまで行き着かない。

4 新しい企画を実行し続ける

▼世の中には優れた人がたくさんいる。その人たちと同じことをしていたら、自分の居場所がなくなるのは当然である。人のしないことをして、初めて生きる道は拓かれる。

▼最初から多数の人々に支持されるほどの人はいない。また初めから強者である人もいない。誰もが当初は無名であって、始まりは自分ただ一人である。それだから寡であり弱だからと言って、何も恐れるには及ばない。むしろ今が寡であり弱であるということは、未来においては多数の賛同を得る可能性と、多くの人々へ指針を提供し、生き方に影響を与えるほどの強者になる可能性が秘められてい

る。このことを喜ぶべきである。

ゆえに、自分の発案した企画が己《おのれ》一人だからと言って、決して恐れるに足りない。そのアイデアや施策を大胆に提案し、勇気をもって実行していくことこそ、夢を実現させることの第一歩である。

▼成功の下に長く居ることはよくない。慢心、傲慢、怠惰を生み出し、成長を止める。新しい環境や条件の下に身を置いて、緊張のうちに歩みを新たに進めるようにしたほうが、次の大きな仕事ができるようになる。

成功に繋ぐ成功を続ける者というのは、このように一所《ひとところ》に安住せず、絶えず新しい仕事に挑戦していくものである。乳と蜜のしたたるカナンの地を征服しつつあった、あのヨシュアのようにである(ヨシュア記11章16〜17、21〜23節参照)。

二節　未来へ邁進する

1　将来での実現を信じる

▼真実で偉大な仕事ほど、その成果を見るのに時間がかかる。自分の生涯のうちに成就を見ないことだってあり得る。なぜであろうか。その仕事の内容が崇高で本質を突いたものだからである。

▼自分のした仕事に称讃を受けられないからといって、気にする必要は全くない。物資的仕事はそういうことは少ないが、それが精神的な仕事であって、より知的に深く、霊的に高い仕事ほど、あるいは斬新で先を行っている仕事ほど、評価は後代になって現れてくるものである。

2　臆することなく主の力をいただく

▼使命を託されて立てられた人は、自分が若くて経験不足であるとか、能力も資質も卑小な者であるとして、臆していてはならない。自分を見てはならない。共にいてくださると約束していてくださる主だけを見詰めるのでなければならない。

才能にしろ財力にしろ、自分が備えているものを測ったら、無に近いのだから、大使命を受けて立てるわけがない。「そんな大それたことは自分には無理である。できるわけがない」と思うのが関の山である。モーセが同じ思いだった（出エジプト記4章10、13節参照）。預言者エレミヤも断わった（旧約聖書・エレミヤ書1章6節参照）。だがそこでどうしても必要なことは、彼らもそうであったように、「神が共にいて、神が成してくださる」、ただこれだけを信じて前へ進むことである。自分のすべきことは、恐れることではない。主に委ねつつ、全力を注いで目標目指して、一歩一歩進むことである。

どんなに高い山であっても、踏みしめて登ってさえ行けば、決して頂上に着かないことはない。

▼主は使命に立たせようとされる者に向かって、次のように言われる。「あなたはただ若者にすぎない

と言ってはならない。だれにでも、どこにでも、すべてわたしが遣わす仕事に行き、あなたに命じることをみな語り、みな行わなければならない。彼ら関係者を恐れてはならない。わたしがあなたと共にいて、あなたを助け、守るからである」（エレミヤ書1章7〜8節参照）。

私が二十代で、全社に品質管理体制を敷き、コンピュータ・ネットワークシステムで業務処理をするように構築していった時期には、このような主からの約束と支えを信じ、推進していった。社長をはじめ、すべての上司、すべての社員に対して遠慮することなく、大胆に語り、大胆に行って進めていった。その結果は主の約束のとおり、成功を見ることができ、会社の発展と業績向上に寄与することができた。

▼仕事をする人ほど祈る。達成と解決を求めるからである。そして生涯にわたって、次のような祈りをする。「主よ、我が生が終わるまで、我にあなたに献げ得る仕事を与えたまえ。主よ、あなたによって与えられた我が仕事を完了するまで、我に強き生を与えたまえ」。〔コラム48〕

3　自分の力量を見ずに神の力に目を止める

▼人生に一度や二度は、自分の能力に余る大仕事を、人から、あるいは主から命じられることがある。そんな時に大任を前にして怖気《おじけ》づいていたのでは、生涯を意味あるものにすることはできない。そうは言っても、命じられた仕事は自分の能力を超えている。どうしたらよいのだろうか。

〔コラム48〕

◆仕事への祈り

私たちがその人を偉大な人間であると感じるのは、問題を解決し終わった人であるよりも、今も苦闘しつつ大問題を解決しようとその途上にある人である。偉大な人と言われる人は、いつも、そしていくつも問題を抱えて、これらを解決する途上にあって、休むことを知らない。キリストやモーセやパウロのようにである。

イエス・キリストは言われた、「わたしの父は今に至るまで働いておられる。わたしも働くのである」(ヨハネによる福音書5章17節)と。偉大な人ほど、働き続けて休息を求めない。

心を込めて仕事をする人は、それだけ多く祈りを捧げる。なぜなら、仕事が正道から外れないことと、成し遂げようとする力を、主からいただき続けるためである。

(『満たされた生涯』p.367)

目の前に予想される大問題は、気が遠くなるほど大きく困難であり、不可能にさえ思える。しかし、そうであっても引き受けて、踏み出すことが重要である。その場合に肝要なことは、自分を見ないことであり、自分を頼りにしないことである。主が共にいて自分を導いてくださることに信頼することである。過去の大業を成した多くの偉人はそうしてきた。

▼仕事であれ信仰であれ、その戦いの勝敗は、始まる時に決する。恐怖のうちにあって臨むならば負けである。しかし、勇猛なる気魄を持って挑戦していくのであれば、勝利は確実である。

なぜか？　恐怖を抱いて戦いに臨むのは、自らの力に頼っているからである。勇気に包まれて挑戦していけるのは、自分の力に頼まず、主の力に頼んでいるからである。

▼大事業を成していくために召命された場合、そこで肝要なことは、自らの力量を見ないことである。そうではなく、主の約束をいただくことである。

大きな仕事を前にして、自分の才能や財力や人脈などを見て、成し遂げられるかどうかを予測したならば、そこに出てくる答えは、「無理、不可能」、「自分にできるような事ではない」、「お断りしたほうがよい」である。

召命されたということは、自分には不可能な事と推測されても、主の目から見るならば可能とされているからこそ、主は召命されたのである。

したがって、その大事業を成し遂げるためには、自分の能力を測るのではなく、主を測り、成功させるための主の約束をいただくことである。それも具体的な御言葉をもっての約束である。それが、「わたしは必ずあなたと共にいる。これが、わたしのあなたをつかわしたしるしである」（出エジプト記3章12節）との、インマヌエル（神、我らと共にいます）の約束であるならば申し分ない。「もし、神がわたしたちの味方であるなら、だれがわたしたちに敵し得ようか」（ローマ人への手紙8章31節）であって、私たちの敵として立てるものはなく、勇気百倍である。

▼キリストの十二人の弟子には、秀才も権力者も富豪もいない。皆が地方出の一介の職業人で、世の

人々からは「無学な、ただの人たち」(新約聖書・使徒行伝4章13節)と評されている。にもかかわらず、主イエスから使われると、誰もが目を見張るような働きをする。全世界へ出て行って福音を伝え、殉教さえひるまない勇敢さを持つ者になる。ここに聖霊に満たされて働く人とそうでない人との違いがある。同じ無学でただの人である私たちの安心と確信がある。

4 主の御旨に沿って働く

▼何かを為そうとする時、もし主が私たちの味方であるならば、私たちに敵し得る者はいない(ローマ人への手紙8章31節参照)。私たちが何かをしようとすることに、主が働いてくださる場合には、そこに次の三つの特徴が出現している。すなわち、

①それをなすべき、との主の御旨が明確に示されている。
②なすべきことに対して、御言葉が裏打ちしてそこにある。
③展開して進んでいる中に、主の御業が現れている。

この三つの特徴が仕事のうちにある場合には、私たちに敵し得るものはなく、勇敢に進展させていただくことができる。

▼主がご自身の用のために人を選ばれる基準は、その人の能力の高低や資財の大小、心身の強弱などではない。主に従う信仰が有るか無いかである。どれだけ主の御旨に忠実に従って、主の道具になり切

る従順さを備えているかどうかである。

主が私たちに期待しておられる事柄を、自分の生涯を通して、全身全霊を傾けてやりぬこうとする信仰の程度に応じて、主は私たちを用いられ、主の業を成就される。〔コラム49〕

〔コラム 49〕

◆主の選びの基準

主は、自民族の救出に立ち上がるよう、ギデオンという若者を選ばれた。心配するギデオンの思いを見抜いた主は、彼に言われた、「わたしがあなたを遣わすのではありませんか（他の者であるならばともかく、全能の主であるわたしがあなたを遣わすのです）」（旧約聖書・士師記6章14節）。

ギデオンが主の召命の前に、自分を心配するのは当を得ている。彼が固辞することは誠実でさえある。だが、主が人をお用いになる時には、その人の能力を見られるのではない。主は主の事業のために、必ずしも人間的に大きく強く、能力ある者を用いられるわけではない。かえってどう見ても人間的には弱く、小さいと思われるような者を用いられる。主がご用のために選ばれる基準は、その人の人間の大小、強弱、能力の有無ではなく、主に従う忠実従順な信仰を持っているかどうかである。　（『天命に立つ』p.296～297）

三節　神前に働く

1　主の信認委託の下に働く

▼仕事の種類や大きさは問題ではない。重要なことは、その仕事を主が自分に委ねられたとの確信があるかないかである。この認識がある者は、忠実にかつ情熱を注いでその仕事に当たることができる。その先には成功と次の仕事が待っている。〔コラム50〕

▼農夫がそうであるように、豊かな収穫はそこに種を蒔き、鍬《くわ》をもって耕してのみ得られる。幸福についても同じことがいえる。ただ座って棚からぼた餅が落ちてくるのを待っているだけでは、自分の手に入れることはできない。

人としての幸いを望むならば、自分がまず労苦を惜しまずして、働く農夫になることが最初の出だしである。そして他人に吹聴する必要はないのだが、自覚として、「自分は主から選ばれた者」、「聖徒の一人である」との心構えを強く持つことが重要である。その上に、自分に使命として与えられた種子を地に蒔いて、水をやり、精力的に耕すことである。そうするならば、望まずしても、あるいは望み以上の成功と幸福を、主によって自分の上に結ばせていただくことができる。

2　人からではなく主からの報いを受ける

▼「働くことの報いは、人からではなく、主からくる」（エペソ人への手紙6章8節参照）。この確信だけが、時が良くても悪くても忠実に熱心に働き続ける気力を与え続ける。

人からの評価のために働いたら、熱情を込めていつまでも働き続けるということはできない。主に

〔コラム50〕

◆主による委任を尊ぶ

私たちが現在どれだけ大きな権力を持った地位に就いているかとか、人々にどれだけ大きく影響する仕事をしているかということは、その人が生きるということにおいて、大して重要なことではない。私たちにとって重要なことは、人の目に触れないようなどんな小さな仕事であったとしても、その仕事をすることを主が自分に委ねられた、ということを自分が認識していることである。そのことのために主は自分を選ばれたとの確信である。

無力で隠れたひとりの人間であろうとも、今していることは主が自分に委ねられたことであり、自分はそのことのために選ばれている、との意識の中にあって生きるに勝る力と光栄はない。

生きることにおいて大切なことは、天地宇宙の創造者にして唯一絶対の主のご支配の下で、私たちが存在しているかしていないか、という事実だけである。人の前にどうあるかではなく、主の前にどうあるかということが、人間にとって最も重要なことである。　（『満たされた生涯』p.534）

〔コラム51〕

◆主の僕として働く

働くことの報いは、人からではなく、主からくる。人が見ているか見ていないかは関係がない。どんなことも主は見ていてくださる。それだから、私は陰日向なく一生懸命働いた。自分はキリストの僕であるとの自覚をもって仕事をした。そして、自分のしている働きは、社長や上司のためにしているのではなく、私が関係している製品を使ってくれる社会の人々や、その成果によって益を受ける人々のために働いていると考えた。そのために自分を役立ててもらえるならば有難いと思った。自分は、主の栄光を現すために、この会社に遣わされて来ているキリストの僕であると是認していた。

そのような理由から、私は、人を恐れるからでもなく、上司にへつらうためでもなく、創意工夫を心がけつつ、いつも全力を注いで働いた。

(『満たされた生涯』p.225 ～ 226)

献げ、主に喜んでいただきたいとの願望だけが、陰日向なく人を持続的に働きに就かせることができる要件である。〔コラム51〕

▼終末が訪れる際のキリストの再臨と最後の審判の後の新天新地を夢見て、日々何もせずに静かに黙想を続けたり、あるいは無意味に動き回り、その時を待っている人々がある。このような人々に対しては、聖書では「働きなさい」と勧告している(テサロニケ人への第二の手紙3章11～13節参照)。

何かのために働くことこそ、人間が人間であるための保証である。またパウロも「働かざる者、食うべからず」（同3章10節、文語訳）と訓戒し、そのパウロ自身も誰の世話にもならず、「日夜、労苦し努力して働き続けた。…（そのようにしたのは）わたしたちにあなたがたが見習うように、身をもって模範を示（す）」（同3章8〜9節）ためであったと言っている。

天国はいずれ来るにしても、「地上の天国」も与えられているのであるから、これを確得するために、怠惰な働き方をするのではなく、大いに働いて、地上の天国を自分の人生の上に築きたい。

3　信仰によって主の力をいただく

▼人が嫌がる仕事でも率先して遂行していくような、模範的な働き人になるには、秘訣がある。意気込みや義務感だけでは、労苦の多い仕事を長く続けることはできない。報酬目当てでも、耐えることに限りがある。主から遣わされ、主が見ていてくださり、人からではなく主が報いを与えてくださる、との確信をもってするならば、人が見ている見ていないにかかわらず、困難な仕事を進んですることができる（エペソ人への手紙6章5〜8節参照）。

▼信仰があるから実戦に備えなくてよいということはない。また、実戦の備えが十分だから信仰は不要であるということもない。すべての聖徒は世に出て行く場合に、必ず両方を備えていた。十分に両方の準備を整えた上で出て行った。ゆえに勝利することができた。聖書にも、「悪魔の策略に対抗して

なしである。

立ちうるために、神の武具で身を固めなさい」（エペソ人への手紙6章11節）とある。実戦のための武具で心身を固めることと、共にいてくださる神の信仰が十分であれば、勝利を続けていくこと間違いなしである。

▼大きな仕事を進めていく上で、決して揺らぐことのない不動の信念や確信は、どこから得られるであろうか。それは主を信頼する信仰から来る（旧約聖書・詩篇121篇3〜4節参照）。

信仰がなかったり欠いている場合には、確信が持てず、常に心が動揺し、これでよいのだろうか、もっと正しい道、もっと良い方法があるのではないかと心は定まらず、遂行に当たって不安と焦りが支配する。

しかしながら、不動の確信に立つときには、大きな仕事や斬新な事業に対しても、外部からの雑音や自らの雑念に捕らわれることなく、果敢に立ち向かっていくことができる。そして企画化のアイデアも遂行方策の立案も、最善の道を通って処理していくことができる。

4　輝いた平安な心で仕事をする

▼心が雑念で乱されていたり、不安があったり、外部からの風波で揺れ動いているような場合には、立派な仕事はとてもできるものではない。最高の仕事をしようと思ったら、周囲に問題が山積していたとしても、心だけは常に平静な状態に保たれていなければならない。偉大な仕事は澄んだ平安な心か

ら生まれる。

▼もし人が成功を望むなら、人前では顔も身体も輝かせておくことである。陰鬱で暗い容貌の人のところへは誰も近寄って来ようとはしない。委託する側にしてみても、気持ちがふさいで晴々としていない人に、大きな仕事を任せる気にはならない。確実に成し遂げたい重要な事業であるからこそ、いつも喜んでいて生気溢れ、身も心も輝いている人に頼みたいと思う。

目も顔も体も輝くようになるためには、まず心を輝かせることである。内なる光が輝いていれば、からだ全体が明るくなり、目も澄んでくる（ルカによる福音書11章34～36節参照）。

5　真に価値ある仕事に就く

▼人生は短い。だから朽ちる食物のために働くのもよいが、いつまでもそのために働いていてはならない。永遠の命に至る朽ちない食物のために活動することにも心を向けなければならない（ヨハネによる福音書6章27節参照）。そうでないと、御国へ入り損ねる、という結果を招くことになる。

▼主は私たちから重い仕事を取り去ろうとはなさらない。むしろそれらをやり遂げる力と知恵を与えられる。私たちを練達した働き人にするためである。〔コラム52〕

〔コラム 52〕

◆課題によって人物を造られる主

仕事をする私たちはこう言おう、「これは主からの仕事です。主が私に成せと命じられた仕事です。この仕事を私に任せられた。あの人にではなく、この人にでもなく、この私に。だから私はこの仕事を最後までやり抜く責任がある。主が望まれる成果の高さにまでやり遂げる義務がある。私にとってこの仕事を成し遂げることは、私を愛してくださる主に対しての、この地上における私の課題です。」

主は私たちに、この世にある辛い仕事から逃げる道を提供されない。むしろ、さらに重い仕事を完全に成し遂げることができる能力と躯体と忍耐力を与えられる。主はその弟子を困難から解放されない。むしろ聖霊にいっそう満たして、より困難な課題を克服できる知恵と胆力を与えられる。そして、そのことによって、キリストの弟子たるにふさわしい練達した働き人を造られる。

(『クリスチャン人生　瞑想録』p.46 ～ 47)

▼大きな仕事が自分に回ってきた時に、自分の無能の自覚によってその仕事を辞退するだけとは限らない。自分の無力に対する不安や恐れによって固辞するならまだしも、むしろ怠惰の感情から辞退する者がある。「そんな苦労をするよりも、大任を負わずに今のままでいたほうがよい」、「自分よりももっと才能があったり、受ける条件が揃っている人がいるではないか。彼にやってもらったらいい」というようにである。

だがそのような思いと考えを持つような人は、初めから大きな事業や主からの使命に立つような器ではない。そのような人は、大事業のために神に使われる僕としては失格者である。〔コラム53〕

〔コラム53〕

◆召命に尻ごみするギデオン

大勇士と呼ばれ、自民族の救出に立ち上がるよう召命を受けたギデオンは、自己評価して、自分にはその能力がないとして、イスラエルの指導者として立つことを固辞した（士師記6章15節参照）。

人は、大使命を帯びた神の選びに会うと、自分を過小評価するものである。それは二つの理由による。その第一の理由は、大使命の前に怖気づき、はたしてそんなことが自分にできるだろうかと、不安を持つからである。第二の理由は、怠惰心からである。「そんな大仕事を自分が引き受けて苦労するくらいなら、今のままのほうがよい。そのほうが楽だ。そんな大使命は、自分にはふさわしくない。もっと条件が整った能力ある人がいるのだから、その人にやってもらったらいい」と言う。

第二の理由によって、主からの大使命を辞退する者は、選ばれる以前から、その選びにふさわしくない。怠惰から主の召命を断る者は、初めから主の力の通りよき管とはなり得ない。ギデオンは、第一の理由、すなわち自分の無力と不安から固辞したのであった。

（『天命に立つ』p.294～295）

第七章　修練での変革

序　管理職ノート

下積み生活を無駄にしないように、また社員の心情や希望を事実に基づいて理解するために、私は平社員時から取締役時までの二十二年間にわたって、「管理職ノート」というものを寸記していました。自分が昇格していってその職位に就いた場合に、上司に対して何を望み、部下に対してどうあってほしいのかの要望を記しておいた手帳です。そのように残したのは、初心を忘れることなく、また自分がその立場になった場合に、正確に人心を掌握して、管理や経営を的確に進めていけるようにするためでした。

そのノートに記載されている事柄をいくつか紹介しますと、次のように書いてあります。

⑴平社員が会社に望むこと。

①自分が製作している製品は、社会のどのような所でどのように使われて役立っているのかを、知らせてほしい。

②正しい評価をして、見合った報酬を与えてほしい。

⑵下級役職者が管理職に望むこと。
①それなりのアイデアを持っているのだから、どうしたら良いものかと問い、耳を傾けてほしい。
②業務命令は、それを行う理由・目的と終わらせる期限を明示してほしい。
⑶上級管理職が社長に望むこと。
①「私と苦しみを共にしてほしい」と頼まれれば、喜んで心身を投入する。
②意見を聞くだけで判断するのではなく、現場へ出て来て、自分の目で確認してから決定してほしい。
③その人の信条や信念などのプライバシーにまで踏み込んではならない。
私はこれらの要望を、その職位に昇るごとにノートから確認し、自戒しつつ仕事に役立てました。仕えようとする者の心情を知っておくことと、人々が期待し望むリーダーの姿をいつまでも自分に憶えさせておくことは、管理や経営を的確に展開させていく上で、重要なことだと思います。

一節　真摯に働く

1　謙虚をもって関係者に当たる

▼どんな名案・良案であったとしても、それを目上の者に提示する場合には、細心の気遣いをすること

が肝要である。上司が持つ気位や誇りを傷付けないように上申する、という気遣いである。その提案を何としても実施に移したいのであれば、上司の立場や感情に十分に配慮して、丁寧に恭々《うやうや》しく申し上げないと、通るべき価値ある賢策も通らなくなってしまう。ましてそれが諫言であったならば、なおさらである。

▼組織の誰もが、直属の上司を含めて、自分を追い越して上位職へ駆け上がる者があることを好まない。たとえ自分に才能があったとしても、トップに立つまでは、常に謙虚に控え目に振る舞って、無用な禍いを自分に招かないように配慮することは、出世するための要点の一つである。

▼自分が抱く大いなる目標を達成するためには、高邁な思想と勇敢に進む情熱が必要である。だからと言って、世から遊離してはならない。非常識であってはならない。健全で適格な常識をもって事に当たるのでなければ、常人である周囲の人々からの協力は得られない。

2　貢献するために働く

▼職に就いて仕事を開始する初めには、自分の生涯にわたって貫くほどの、仕事のための目的と信念を持ちたい。私にとってそれは、若い日に与えられた「人その友のために己れの命を棄つる、之より大なる愛はなし」（ヨハネによる福音書15章13節、文語訳）であった。仕事を通して人々を愛するために、

自分の命を捧げて貢献することであった。職に在る間は、私心を挟まずに、常に神の栄光を現すことにのみ心を注ぐよう努めた。

▼自分を生かすために会社を利用する。これは最低の働き方。中位は、会社を生かすために自分を殺し、滅私奉行する。最高の仕事の仕方は、会社を生かすために自分を生かす。

会社を繁栄させるために、自分の特技・才能をフルに使い、自分も生きるし会社も生きる。このようにに仕事をすれば、会社の益になるだけでなく、自分も生き甲斐を持って働けるし、長続きもする。

▼倦《う》まず弛《たゆ》まず努力し続けることは、仕事が好きでないとできない。仕事が好きになるコツは、定めた目標の達成によって人々に何らかの益を与え、人々から喜ばれることである。困難な仕事を克服し、企業へも同僚たちへも幸せを与えて喜ばれるようになると、心の内側にますますヤル気と勇気が湧いてきて、努力を続けられるようになる。情熱を燃やして次の目標に向かって、果敢に取り組むようになる。仕事が好きになると、そこに生き甲斐があるので、金銭や地位といった報酬には全く無頓着になって、心躍るように仕事に打ち込めるようになる。

▼世の何かに挑戦して秘かに自利を得ようと活動することを、野心という。この自利のための野心を持たずに仕事をし、天の父に献げるためにのみ仕事をすること、これが仕事において成功するための最大の野心である。

二節　学修で高める

1　快く引き受ける

▼できるだけ多くの人々に役に立ち、有用な仕事に就けてもらうための秘訣は、「ハイ」と引き受けてすぐにやることである。多くの人々は、仕事を頼まれると、できない理由を並べたり、引き受けられない事情を言いわけしたり、数々の条件を付けて、依頼者を困らせる。これでは次の働きも回ってこない。

キリストの弟子たちが召命されたときにしたことは、直ちに従ったことである。条件を付けるどころか、すべてを捨てて従った（マルコによる福音書1章18節参照）。大きな仕事をする人は、即座に快い受け方をして、依頼者の要望に応える。

▼より軽い仕事を選んで就く人は、外見がどんなに上品に見えても、内面は空っぽの貧しい人間であると評定して間違いない。

2　組織に頼らず学修を深める

▼職業人として自分を成長させようとすることにおいては、育成のための支援体制が組織内にあるかないかに頼っていてはならない。支援があろうがなかろうが、自分に熱意と努力さえあれば、仕事の合間から時間をひねり出し、自腹を切ってでも、自分の才能や資質をいくらでも伸ばすことはできる。〔コラム54〕

〔コラム 54〕

◆読書による涵養

私は自己研鑽を積む手段として読書を用いた。また独善的な考えや偏狭な思想に陥らないようにするために、幅広い分野の読書に心掛けた。

読書だけに頼るわけではなく、講演に参加したり、グループ討論に加わったり、機器の操作を実習したり、メッセージを聞いたりした。だがそれよりも何よりも、読書することに多くの時間を割いた。そしてその読書から、多くの考えや実践例、手法などを吸収した。

読書のジャンルは大別して、仕事関係と精神涵養関係の２つに分けられ、時間もほぼ等量を当てた。仕事関係では、視野を広げ、スキル（技能）を高めるために、企画、経営、経済、販売、品質管理、信頼性工学、情報処理などに目を通した。精神面においては、神学や聖書講解、霊想などのキリスト教書を中心に、哲学、歴史物、人生論集などに当たった。

（『満たされた生涯』p.286）

▼学習の機会を待っていてはならない。組織が規定化して提供する教育は、常識的レベルの範囲である。場合によってはそれは過去のものでさえある。先取りした改革や企画を提案して、それを企業に実施しようとする者は、教育されることを待つのではなく、今後世界では何が必要かを自ら洞察して、費用も時間も自分から出して、自分に投資するくらいのことをしなければ、未来のニーズに対応することはできない。

これは職種についても同じことが言える。世界や社会のニーズに対応していかれるように、自分へ投資することを渋る者は、いずれ窓際族とか解雇の憂き目に会う。

3　自己啓発を怠らない

▼チャンスは準備の整ったところにやってくる。そうだ、どうして準備も整っていないところへ、活躍のチャンスが訪れて来ようか。準備さえ整えておけば、チャンスは向こうから必ずやってくる。人生で重要なことは、自分の志に向かって備えを万全に整えておくことである。どんなことが起きてきても対応できる備えをしておくことだ。準備さえ整えておけば、こちらが求めなくても向こうからお願いしますと、三顧の礼をもってさえしてやってくる。

※三顧の礼――地位ある人や目上の人が、ある人に仕事を引き受けてもらうために、何度も足を運び、信任・優遇の条件を付けて、礼を尽くして頼み込むこと。

▼作業の時期は異なるが、拙宅のエクステリア工事を頼んだ。一方は東宮御所や遠藤周作の庭工事にも関係するほどの超ベテラン。もう一方は職に就いて日の浅いタイル職人、後者のでき上がりがあまりにもデコボコなので、全部剝がして親方にやり直してもらった。これに比べて前者のでき映えは、輸入使用石板の特徴を活かし、非の打ち所のないほどに整い美しく、嘆息が出るばかり。

このように技術においては、修養と経験の差というものが、歴然と現れる。技術で食を得る者は、心しなければならないことである。

▼どんな下積みの生活でも無駄にならない。下積みのその時期の思いを書き留めておくことである。自分が大成したときに、それが大いに役に立つ。部下はどのレベルの時に何を考え、どのように感じ、何を望み、どう取扱ってくれたらよいと思っているのかなどが、自分が通ってきた体験として分かり、人心掌握と体制作りの役に立つ。

4　変化に対応するために学習を続ける

▼自分を有用な人物にしておくポイントは、変化の激しい世の中にあって、

①自分を常にニーズに合った人間にしておくこと。

②そのニーズに適切に対応できるように、自分自身の変革を怠らないこと。

そのためには、

①社会の変化や世界の潮流に関した情報の収集を、疎かにしないこと。
②自分を創造的人間に造り変えるように、自己啓発と学習を絶やさず、新知識や新技術の吸収に努めること。

▼学識や才能が高いと自認する者が、活躍の場を与えられなかったとしても、世や組織が平和であることを喜ぶがよい。災害も問題もないような場においては、誰にも出番はない。むしろ、課題発生時に腕を振るえるように、力量を貯めることを怠らないよう努めるべきである。

▼社会のニーズを捉えて、これを商品化する。これは企業の鉄則である。進歩的な組織は、ニーズの半歩か一歩先を行って、これを製品化する。すなわち先取りの経営である。しかし、革新的な組織というものは、ニーズを自らが創り出して、「こういうものはどうですか」と提案し、社会を変えていく。
これに対応する個人の学修や教育を考えた場合、常にニーズや新技術および革新的な考え方を、修得し続けていく必要がある。社会は進歩し、環境は変化を繰り返し、人々から必要とされるものも次々と変わっていく。それゆえに、自らの老若の年齢に関係なく、学習や修練をすることを怠る者は、これらの変化に取り残されていくしかない。

三節　チャンスに変える

1　楽観主義で行く

▼主が共にいてくださるということの強みは、大きな仕事を任されたときに、自分には才能も策もないのに、「何とかなるだろう、主がしてくださるから」と、不安も恐れもなく仕事に取り組んでいけることである。この意味で、クリスチャン・ビジネスマンは、前方を恐れる悲観主義者ではなく、恐れを持たない楽天主義者といってよい。

▼才能は、無ければ馬鹿にされるが、あっても妬まれる場合がある。能力ある者は発揮して成果を上げても、謙虚にしているのが得策である。それでも足を引っ張られる策謀に嵌《はま》ってしまった場合には、そのことは今後新しい道が開かれるための前兆であるとして、喜んでおけばよい。

2　活躍する機会を待つ

▼人物を磨くことと、大きな仕事を任せられることとは、直接関係があるわけではない。人物を磨いても仕事が回ってこない場合もある。それは農耕に励んでも、食に不足する年もあるようなものである。

飢えたら次の機会を待てばよい。

▼組織にあって自分が登用されないからと言って、不満のうちに腐る必要はない。そこから離職する前にもうしばらく待ってみるというのも一つの方法である。組織で活躍するどの戦士も、自分は一国に二人といない優れた人物であるとの自負を持って活動している。人が活かされるには、その人でなければならない時と場というものがある。それぞれの人物には、特長があって、持っている才能も夢も異なる。あなたに活躍してほしいだけの時機と場が組織に出現したならば、組織はあなたを放っておくことをしない。あなたに人材と権限を与え、是非腕を振るってほしいと請うてくる。

そのような時になって、あなたが引き受けて、期待された結果を残せなかったとしたら、あなたは本物の人物ではない。

▼不遇は誰の人生にもある。そんな時期に重要なことは、嘆かず、腐らず、実力を貯めることに努力することである。上に立つ者は、実力ある者を見過して重要なポストに就けず、登用しないというようなことはしない。

いつまでも登用されないとしたら、その実力を天下はまだ必要としない時期にあるのだとして、もうしばらく待つことである。

3　活躍まで主の時を待つ

▼主は約束されたことは必ず成就してくださる。しかし、その前に主がなさることがある。約束したことを成就した場合に、この者は、自分でやったのだと傲慢になることはないか、またはその約束のものを与えても、それを十分に正しく使いこなせるだけの実力を備えた人材になっているか、あるいは、与えたものを生かして用いるだけの徳を備えた人物に育成されているか、これを判断される。
　それゆえに、約束されたことがいつ成就されるかの時は、人の願いとは必ずしも一致するものではない。これが人への主のご計画であり、また「神の時」と言われるものである。〔コラム55〕

▼桜のように、他の樹木に先がけて咲いた花は、散るのも早い。大器晩成という言葉もある。陽の目を見るのが遅いからといって、くさることも焦る必要もない。神には時があって、人の思うところとは異なる。重要なことは、暗いトンネルの中にある場合には、そこから抜け出したときのために、実力を養うことに集中することである。

4　不遇をチャンスと受け取る

▼不運に見舞われたからといって、不運であることに悩む必要は全くない。今のその不運こそが、幸運のきっかけとなり次の踏み台となることが多々ある。

〔コラム 55〕

◆望み得ないことをなお望む

私たちは、アブラハムが子のイサクを授かるのを待った時のように、人生のうちで「いくら待っても成就がない。その待ち望んで約束されている事柄は、人間の力の及ぶ可能性の限界を超えている。諦めるべきか、さらに待つべきか。それとも自分で何か手を打つべきか」と思案に暮れることが多々ある。

こんな場合に、自らの浅知恵で行動を起こすのではなく、主だけが真の解決者であることを覚えておきたい。主に信頼し、「望み得ないのに、なお望み」(ローマ人への手紙 4 章 18 節)、待つことが最善の道であることを知っておきたい。なぜなら、主は私たちを決して忘れてはおられないし、主のご計画の中には、人とは異なる「神の時」というものがあるからである。

(中略) だから私たちもアブラハムに倣い、どこまでも主を信じて、主を仰ぎ見つつ、生涯の歩みを進めていく者でありたい。

(『天命に立つ』p.111 ～ 112)

▼成功や幸福は、自分に訪れた不遇をチャンスとするかしないかで決まる。不遇をチャンスにする方法は、例えば、

①経済的貧窮のうちにあるときは、今は将来の夢をできるだけ大きく充実したものに膨らませるためにある、と受容する。

②希望に反した職種に就かせられたなら、その仕事を通して自分の才能を広げ、人物を大きく修練

せよ、と与えられたと受け取る。
③閑職に追いやられたのなら、充電の機会として備えられた、として活用する。
④試練に遭わせられた場合には、自分の品性を磨くために贈られた試みである、として喜ぶ。

▼自らが持つすばらしい才能も、世に示すには時がある。その時を間違えて、出してはならない時期にひけらかし、現すべき時機に発揮しないで、生涯を終えてしまう、という場合が多い。人生には、人目に付かず隠れて過ごさねばならない踊り場というべき比較的長い時期がある。だが一世一代の正念場という好期も、生涯に一度や二度は訪れる。
自らの天賦の才能は、踊り場の時期には人前から隠し、むしろそれをますます磨き上げることに注力したほうがよい。そして、いざ正念場が来たときは、今まで蓄積して磨き上げてきたすばらしい才能を出し惜しみせず、思う存分に全力を注いで発揮する、というのが本物の仕事人のすることである。

5　異動をチャンスに変える

▼企業における自分の人事異動を、往々にしてネガティブに捉える者が多い。今までの在籍部門での成績が悪かったためとか、能力がないと評価されたためと、異動を捉えるからである。異動には確かに、新部門へ移って、未知の仕事を先輩や同僚に教えを受けながら、一から始めていかなければなら

ない事柄が多くあり、大変な苦労を伴う。しかし、これをポジティブに捉えれば、自分の勇躍するチャンスとすることもできる。

そのポイントは、一日も早く異動先の専門家になることである。そしてその部門で企業の資産となるような事柄を成果として残すことである。これを自分の仕事人生で続けていくならば、そのうちに広範囲の部門のプロ級の能力が身に付き、その結果は、組織全般を手中に収めて経営する者にまで、自分を育てることになる。

▼左遷ということを考えてみよう。左遷とは、官職や地位を落とし格下げされることであったり、官位を低くして遠地に流されることである。近年は後者の意味で使うことが多い。

組織が大きければ大きいほど、そこに働く人々にとって、左遷があったり、不本意な人事異動がある。私も何度か経験した。

組織に籍を置いていれば、左遷の憂目に遭って落胆したり、自分にとっては自信があり誇れる職種から、あの職にだけは就きたくないと思っていた仕事に、異動させられることもある。

しかし、そのように落胆したり気落ちするのは、狭い自分の了見で考えているからである。組織としては、当人のキャリア・アップを図ったり、自分では自覚していない隠れた才能の開発・育成を企図しているのかもしれない。幹部社員への成長を期待していることだってあり得る。あるいは、「ご苦労様でした。次の重責までの少しの間休んでくれ」と言っているのかもしれない。

何事も前向きに捉えるべきであって、それによって自分がもっとスケールの大きい人物や、異種の仕事をこなせる職業人に成長する機会を、与えてくれている場合だってありえる。

左遷や異動をさせられなかった人に比べて、自分は成長を促され、期待されているので、これに応えようとしたほうが、一度しかない自分の人生において、その左遷や異動をどんなにか未来を開く機会や事柄に変えることができるかしれない。

自分が受けた左遷や異動が、心の持ち方一つで、成功や幸福のチャンスにもなれば、憂鬱と自滅への関門にもなり得る。

第二部

実生活編

第一章　日常生活の姿勢

序　中国での日常生活

總経理（社長）として私の上海芝浦電子立ち上げで単身赴任していた時期に取った生活の特徴は、①単純、②規則正しい、③聖書中心、に要約できます。

①単純とは、日常生活の同じ事の繰り返し、②規則正しいとは、出勤、炊事、洗濯、買物、読書、外出の、曜日毎や時間の過ごし方のリズムがほぼ一定であること、③聖書中心とは、聖日厳守で、日曜日にはプロテスタント系の礼拝常時一千人規模の教会へ行って礼拝を守り、週日の仕事の合間にも、聖書や神学書の精読に時間を取るなどです。

①日常生活では、単身赴任ゆえに、仕事以外では、一言で言えば「家事に専念」です。朝夕の食事作りと冷蔵庫への小分け保管、部屋の掃除と衣類の洗濯、布団のバルコニー干し、風呂場や台所の清掃磨き、繕いやボタン付け、靴磨きなどです。

②規則正しい生活としては、起床・就寝の時間は定刻にし、朝と晩のディボーション（個人礼拝）を欠

かさない、定めた時刻に出勤と退社、休日は人民市場へ食料や果実、生活必需品の買い出し、日曜日は聖日礼拝へ出席。これらを実施するために、会社に関係する外部機関や関係責任者との夜のお付き合いは、極力部下に任せて、自分は帰宅する、などとしました。

③聖書中心としては、毎日、日本語と英語と中国語の聖書の同一箇所を読み、信仰良書を並読し、祈禱する。休日や聖日の午後は、経営関連書も含め、組織神学、聖書講解、キリスト教倫理などの読書に当てる、などです。

家族と離れ、言葉も分からない異国の地で、一人で生活する寂しさはありましたが、新会社設立創業のために全力投球することと、そのために右記のような日常生活を整えて送ることによって、結構忙しく、充実した毎日でした。

以下の著述を始める前に、この第二部「実生活編」の記述内容順序を、少し紹介します。本編第二章以後に、時間の使い方や対人関係の持ち方、読書の効能、結婚・家庭・育児などの実生活関連の事柄が記述されています。本章（第一章「日常生活の姿勢」）は、二章以後のような生活をするには、どのような心掛けで日々を送っていったらよいのか、あるいは本シリーズ既刊Ⅰ～Ⅲのような生き方をするためには、日常においてどのような心構えで活動していったらよいのか、その生活上の注意点について記述してあります。

一節　前向きに過ごす

1　夢を持ち続ける

▼怠慢とはこむずかしいことではない。「今日やらなくても、明日があるじゃないか」という態度である。思い立った時に、やり始めなければ、始める時がない。できる時にしてしまう。これが大成のための鍵である。

▼野心が挫折すると無気力になる。ところが使命が頓挫しても、謙虚にはなるが、前進する力を奪われることはない。ここに自分中心の野心と他人中心の使命の違いがある。

▼苦難に対する忍耐度合は、今日から未来の希望までのスパンの長さで決まる。三年後を望む者には三年分の忍耐度が、また生涯の終わりに夢を持つ者には死までの忍耐度が、そして永遠への希望の持ち主には、限度のない忍耐度が与えられる。

▼人生を歩む上での精神的なことであるが、狭く細い道ならば枝道が少ないので迷い込むことも少ない。しかし、志を大きく持って大道をひた走るとなると、多くの脇道や枝道が付属しているので、よ

ほど注意しながら大志に沿って進んでいかないと、とんでもない枝道に迷い込んで出てこられなくなる。

大道を邁進して行こうとする場合には、真っ直ぐに進んで、目標から目を離さないことが重要である。そして、夢実現のためには、脇道から、どんなにこちらが有利だとか、このほうが近道だなどの誘いがあっても、惑わされることなく、大道の真ん中を進むことが肝要である。

2　健康保持に努める

▼喜びを抱く心は、身体をも健康に保つ力を提供してくれる。経済的困難な貧窮の中に置かれようとも、健全な精神と夢に満ちた歓喜は、健全な肉体を育み、明るい希望によって病さえ無縁なものとする。

▼健康は、快適に日々を過ごしていくための絶対的条件であるとは拘泥しない。だが、身体が健康であることは、人生を幸いに過ごしていくために必要な条件ではある。身体が健康であるときには、精神の健康も保たれる。

健康であることも、主の祝福として与えられるものであって、感謝の対象である。だが、健康が恵みによって与えられるものだからと言って、自分で何もしないでよいというものではない。主が支えてくださることに感謝しつつ、自分としては、これに加えて規則正しい生活をするとか、食べ過ぎないようにする、適度な運動を欠かさず、ぐっすり眠るなどの規律を、自分に課することも必要である。

▼私は喜寿（七十七歳）を超える今日まで、健康を保たれ、大病したことも入院したこともなく、感謝している。その要因に、次のことがあるのではないかと推察している。

規則正しい生活をする。六日間は仕事に精出し、あとの一日は主の前の礼拝に向ける。暴飲暴食を避け、腹八分目を保つ。そして各食物を味わいながら、よく嚙んで食べる。酒とたばこは嗜好しない。一日を主の導きを求めて静思して始め、夜は深い睡眠が与えられて良き明日が迎えられるように、静かに祈ってから床に就く。適度な運動を欠かさない、などである。

これらの土台となっている思いは唯一つ。それは主と人々に仕える生活をさせていただきたい、これである。

▼きよく、正しく、美しく、昨日一日を生活したか、あるいは、不節制で主と人に喜ばれない行動をしてはいないか、このことは朝の目覚めの体調で分かる。すなわち、すがすがしい朝を迎えているか、それともけだるい起き上がりをしているかが、正確に教えてくれる。

3　積極思考で進む

▼生活する上で、今日すべきであると自分に定められたことを今日中にする。明日に延ばすことをしな

い。これが、与えられた生涯の使命を果たすことに直結する最善の方法である。

▼好運も不運もほとんど真正面からは訪れて来ない。とてつもなくいい仕事やアイデアは、思いもよらない時に、突然横手や背後から来て、小さく肩を叩く。それを摑むか摑まないかが、好運を自分のものにするかしないかの分かれ目になる。

▼絶対ではないまでも、信頼できる予言者は過去である。そのために歴史も経験もある。

▼欲しい喜びは、自分から追求して得られるものではない。正しい生活をしているならば、そこへ知らず知らずのうちに、添えて付け加えられてくるものである。

二節　高所に留る

1　今日を賢明に整える

▼良いと推奨される多くの習慣を全て書き出すよりも、その良い習慣の一つでもまず始めることのほうが、ずっと良い結果をもたらす。

▼どんな名案も、事が済んで終わってからでは意味がない。ああすればよかった、こうすればよかったと後悔し、愚痴を並べる暇があるくらいなら、次の事案の策を練ったほうがよい。

▼良識とは、我欲が強い人々が生活するこの世にあって、その我欲を抑制し、妥協できる境界線を知っていることである。多くのもめ事は、この良識をどちらかが越えた時に起こる。幸福に生きるためには、良識を十分に弁《わきま》えておいて、互いに一線を越えないように生活することが肝要である。

2　些事に気を取られない

▼大計画を成功させる者は、日常の小さなことには目をつむり、些細なことは許して我慢する。重要な計画に集中している心を乱されないためである。

▼主要なことさえうまくいっていれば、小事の成否にはあまりこだわることはない。小事にまで重きを置いて心を煩わすから、主要事が疎《おろそ》かになる。

▼他人から何かをされて心乱されるのは、魂の健康と貴重な時間の損失を招くことになる。むしろ、その痛みの価格で心の平静と平安を買ったと思うほうがよい。どんな良いものも、ただでは買えないのだから。

3　大所高所から見る

▼この世の事柄を明確に見分けて、どこにその本質があるのかを識る方法は、現世を見詰めることにあるのではない。この地上を超えたお方に目を向け、自分の魂を絶えずそこへ向かって高めさせつつ、物事を清澄な目をもって見ることである。

現世の複雑な絡み合いと、多くの問題に目を奪われることは、かえって真の課題のありかを見失ってしまい、行き着くところ、適切でないあらぬ結果に至らしめてしまうことになる。

▼妬みはどんな場合に起きるか。それは、自分にも可能性があったり、妬む相手と自分が同レベルにいる場合に起きる。自分にはその資格が全く備わっていない低い自分だと自覚している人には起きない。また、自分は彼よりも遥かに高い所に位置していると知っている者にも起きない。したがって、妬みを起こさない自分になるには、徹底的に遜った自分になるか、自分はあの人よりもずっと豊かで高位置に引き上げられている、と自認しておくことである。

▼私の中学の高校受験期に、成績上位者の何人かは、家庭教師が付いていた。私は教科書さえなく、クラブ活動にも参加できず、学習時間を削って新聞配達をして家計を助けねばならなかった。負けてなるものかとどんなに頑張ってみても、学力差は縮まらず、なんとなく不公平感を覚えた。

だがその不公平はいつまでも続くものではない。人生を全体で見るならば、あれから半世紀が経って、今の私はこんなに幸せにされている。

4　先のことを心配しない

▼人を不安に陥れるものは、起きてくる事柄そのものではない。起きてくるだろうとの妄想である。まだ起きていない事柄を、すでに起きたと心乱すから不安になる。

▼病気は肉体の障害である。肉体が病気だからといって、精神まで病気に罹《かか》るものではない。もし精神まで病気になっているとすれば、その病気は自分の意志で引き寄せたものであって、細菌はその責任をとらない。

三節　平凡を楽しむ

1　静まって顧みる

▼主は、「そこには幸せはないよ、ここにあるよ」ということを知らせるために、人に長く重い病気を与えることがある。人は健康の内にいて人々と共に活動している期間には、心静かに人生をゆっくり

と、別の視点から眺めてみることができない。

ところが、ひとり床に伏して、社会から絶たれ、何もない天井を見詰め、「私の今までは何であったのだろうか」、「私は今後どの方向に進むべきか」、「なぜこのような大事な時期に、私は病になったのだろうか」などと、深く内省する時間を与えられると、新しい自分を発見する。

▼大きな損失が起きた原因を、多くの人々は、他人や状況などの外部に求める。しかし、大抵の場合、自分の内部にその原因があるものである。

2　小さい事柄にも喜ぶ

▼私たちへの主の慰めは、必ずしも目を見張るようなことからくるとは限らない。むしろ、日常の生活のうちのちょっとした事柄を通して、与えてくださる。たとえば、小窓から差し込む明るい陽光、目に飛び込んでくる透き通った青空、小鳥たちの囀《さえず》り、そよ風に揺れる色鮮やかな草花、薫風が通り過ぎる小川のせせらぎ、ご近所の人々との微笑みの挨拶、どこからともなく聞こえてくるピアノの音色などである。

これらの一つひとつのうちに、天の父は、「わたしはあなたを愛しているよ」との声を加えて、平安と幸せを私たちに与えてくださる。

▼野辺の花、飛翔する小鳥たち、窓からの陽光、どこからとなく聞こえてくる子どもたちの遊び声。このような何の変哲もない小さな囁《ささや》きが、暗い心を開け放ち、悦びを目醒めさせてくれる。彼らも主の養いと守りと導きの内にあるのだと。そして、「きょう生きていて、あすは炉に投げ入れられる野の草でさえ、神はこのように装ってくださるのなら、あなたがたに、それ以上よくしてくださらないはずがあろうか」（マタイによる福音書6章30節）との御言葉を思い出させる。

▼幸せや心の豊かさは、合理的世界だけにあるのではない。この合理的世界を超えたところにもある。光輝いて、昇る旭日の澄んだ朝の感動、若葉の新緑や小鳥の囀りに震える心、雪溶け水のキラキラした輝きに胸ふくらんでくる希望など、大自然が語りかけてくる光や音、きらめきや風の流れには、物財が与えることのできない喜び以上のものがある。豊かさや幸せを、合理的世界だけに求める生き方は、貧相な生活を自分に強いることになる。

▼我が家の庭の手入れをしていて、しばしば思わされることがある。抜いても抜いても雑草は、次から次へと芽を出し、若葉を伸ばしてくる。また、細い石地の割れ目にさえも、自分の生存場所として、文句も言わずに黙々と葉を広げるのには驚かされる。雑草にさえ生きようとする力の強さを教えられる。

3　居ずまいを整える

▼日常生活で、心身を爽快に常に保つ方法がある。人にもよるであろうが、私の場合は次のようにした。

①一週間を規則正しく生活し、かつ日々の起床、就寝の時刻を乱さない。
②常に身の周りを清掃、整理、整頓して、住空間を快適に保つ。
③室内インテリアを自分の好みのものに整える。例えば絵、置物、照明器具、カーテン、観葉植物、家具、壁クロス。
④快眠できるように、寝具を良質なものに揃え、照明の色やその配置を工夫する。

▼さっそうとしたすがすがしい発想は、整理された机上から出てくる。また、美しい立居振舞いは、清掃と整頓の行き届いた住居から送り出される。ゴミ屋敷のような空間からは、人を一変させるような高潔な思想が出てくることは、まずほとんどない。

▼自分にふさわしい状況や場というものがある。自分には尊貴すぎる人々の間に入ったり、あまりに華麗な場所にいると、とかく失敗する。その仲間に入れてもらおうとして、言わなくてもよいことを喋ったり、その場に馴染もうとして、はしゃぎ過ぎるからである。そんな時の最善の策は、その場から一刻も早く立ち去ることである。自分が成長してふさわしくなったら、仲間に加えてもらえばよい。

四節　金とうまく付き合う

1　お金を上手に使う

▼金銭の力を甘く見てはいけない。人々を動かすことも企業を発展させることもできる。だが自分を奴隷にすることもできる。

▼金銭は、生活の目標・目的ではないが、独立して行動するための手段にはなる。

▼「賢明に付き合えば」の条件が付くが、その所有者の心も営為も豊かにしてくれるものが二つある。才能と金である。だがどちらもその使い方を間違えると、本人を破滅に導く。破滅に至らないで豊かさへと活用する基盤は、その人の心がいかに清く整えられているかにある。

2　お金の害悪を熟知する

▼金に執着することから来る、四つの害悪がある。

①心と人間関係の自由を失う。

②活動の目的となってしまい、別に高くある本来の目的を見失う。
③満足を与えるとの欺満を信じ込み、行く末に騙される。
④心が金の奴隷となって、主を愛さなくなる。〔コラム1〕

▼富には、欲求を制御する限界がない。追い求めて増大させた先にあるのは豊かさであると、人は幻想を持つ。しかし、そうではない。その先にあるのは、さらなる渇きによる魂の貧しさと、身の滅亡で

〔コラム1〕

◆金銭愛からくる害悪

金を愛することから出てくる害悪が四つある。①自由を失う、②目的になってしまう、③満足を与えてくれないのに騙される、④偶像となってしまい主を崇めない、の四つである。

これらの四つの害悪に侵かされて不幸に落ち込むのは、金銭だけではない。同類のもので、財産とか資財などの持ち物も該当する。

金を愛することの「愛する」とは、次のような状態である。

(a)その対象に心が捕らえられて離れない。
(b)自分の意識や欲求がそれに執着し、自分自身をそれに捧げてしまう。
(c)自分の努力をそれに傾注し、それを得るためにしたほうがよいと思われることに没頭する。

拝金主義に陥って、永遠の滅びへと裁かれるようなことがないように、大いに自戒しなければならない。

〔『クリスチャン人生　瞑想録』p.110〕

ある。本当の富裕は、足ることを知って感謝できることである（新約聖書・テモテへの第一の手紙6章9〜10節参照）。

3　金銭を有効に用いる

▼金銭を嫌悪したり卑下する必要はない。むしろ使うべき所に使い、無駄な所には使わない、という基本のもとに尊重すべきである。金銭は、あらゆるものの価値を代替するところの、人が知恵によって生み出した手段である。そして、衣・食・住およびあらゆる活動を支援してくれる基盤である。金銭を自分の主人とすることなく下僕として用い、主から使い方の管理を委ねられた預りものとして、有効に使いたい。自分の腹のためにではなく、主の聖・義・愛に照らして、より価値あるもののために使いたい。

▼お金を残したかったり、支援を必要としている所へできるだけ多く献金するためには、「もったいない」精神が重要である。もったいない精神を実行すれば、出すべき所へは出金し、無益な部分へは支払いを抑えられる。そして、自分が活動しようとしている他の方面に有効に使うことができて、身も心も共に豊かになる。

▼富は、あたかも糞尿の肥やしに似ている。蓄めるだけでは悪臭を放つが、広く撒《ま》けば、多くの野菜や

穀物といった豊富な資財を結実させる。

4　金銭を賢く使う

▼生活が豊かになるコツは、「お金を無用なものには出さず、出すべきところへは出す」である。節倹だけでは豊かにならない。無駄、無益と思われるようなところでも、出費すべきところへは大きく出す。人はこの逆をして貧しくなる。施すべきところへケチケチしておきながら、本来無用であるところへ大金を浪費する。富は人から来ると思いやすいが、真の富は、天から送られてくることを忘れてはならない（旧約聖書・マラキ書3章9～10節参照）。

▼無駄遣いしないための鉄則は、「必要な時に、必要な物だけを買う」である。多く買えば安くしてくれるとか、バーゲンなので通常より安価で手に入る、などで余分に買えば、後でそれを使う機会がないとか、腐らせてしまう。あるいは時流遅れになって気に入らないなどとして、捨てることになる。また、保管場所を占領してしまい、生活空間が狭くなったり整頓できなくなる。それよりもさらなる害は、それだけのお金があるなら、もっと有効に他の事に使えるものを、その機会をみすみす失うことになる。

五節　世のものを有効に使う

1　世が与えるものを賢く使う

▼財産は、絶対的とは言えないが、幸福を保障する基盤となる。これは経済的困窮を体験した者にはよく分かる。すなわち次のことを保障する。

①日々の居食住への心配の消去。
②正常な教育を受けるための機会や必要な教材・道具の確保。
③能力を支障なく伸ばす時間や場所の提供。
④人を恐れたり、人に従属することからの解放。
⑤気高い性質を順調に育む環境の整備。
⑥修練や鍛錬のための指導者と時間の確保。

▼身体は生命の保持体としてだけでなく、霊の宮として、両手を高く挙げて主を賛美する。また、飲食は、肉体を健康に維持するだけでなく、食物を味わい楽しむという喜びをもたらす。私たちの着る衣服は、肉体を覆って保護するだけでなく、装うという楽しみを提供する。休息は、疲れを癒やし労働力を回復させるだけでなく、休養という喜びを与えてくれる。このように、身体に関係する日々の生

活の事柄は、そのことが持つ限られた目的だけで終わらせるのではなく、それが保有している潤いと喜びをも、大いに引き出して味わいたい。

▼意識して節度を保たない限り、人間の欲望は際限がない。贅沢に慣れて濫用に心が痛まないようになれば、地球資源の枯渇を招き、大気汚染や地球温暖化をも加速させる。国や人類だけでなく個人的生活においても、倹約を旨として、節度ある生き方をすることは、心身を健全に保持することができる。それだけでなく、無駄な浪費を抑え、すべてのことにおいて益となる。節度を保った生き方をしたいものである。

2　与えられたものを有効に使う

▼ヨブが全財産を略奪されて無一文になり、ひどい皮膚病にまでなったとき、家族や親戚は厄介者扱いして離れていった。それればかりでなく、友人たちはその原因としてあらぬ罪を持ち出してきて、ヨブを攻め立てた。だが、その後ヨブが回復して、財産も二倍になった時には、身内の者はにじり寄ってきて、ヨブを持ち上げ、友人たちは平伏してヨブに祈ってもらった。

世の中というものは往々にしてこういうものである。金や地位があれば人は寄って来る。しかし、なくなれば去って行く。

ゆえに、地位も金銭も敢えて卑下して遠ざける必要はない。静かな生活を送るために、天が与えたものであるならば、どんな資財であろうとも有難く受け取って、それを有効に大切に使っていけばよい。

▼娯楽を用いることは否定されるべきことではない。しかし、そこには注意すべき条件がある。休息や気分転換のために短時間用いるべきである。過度に長時間浸れば、主と従が本末転倒になって、結果的に欺かれることになる。

3　情報に正しく接する

▼世には情報が氾濫している。気を付けないと日々の生活を流され、下手《へた》すると精神が溺れ死にさせられる。情報に捕らわれず逆に活かす方法は、真に価値ある情報だけを採り入れ、他は自分には無関係として拒絶することである。真に価値ある情報のみを厳選する方法は、確固とした正しい選択基準を持つことである。私はその基準を聖書に置いてきた。

▼情報機器を駆使して、瞬時に多量のデータを得られることは素晴しいことである。だが主客転倒に陥らないように注意しないと、自分を見失うことになる。情報がどこまで正確で多量であったとしても、情報は、あくまでも手段であって目的ではない。道具であって作品ではない。その情報から何かを生み出してこそはじめて、その情報の価値はある。情報のやりとりに夢中になって、時間を奪わ

れ、思考を停止させられ、自分が情報の奴隷になっているとしたら、何の人生であろうか。

▼歴史が近代に向かう頃、生産手段として機械が出現することによって、人間が機械に追い立てられ、使われる苦界が発生した時代があった。同じ誤ちを現代もしていなければよいのだが。情報処理機器のあまねく普及によって、人々はデータに振り回され、釘付けにされ、持ち時間を侵蝕されて、他の有益なことをする自由を奪われている。どんなに便利な機器であっても、使い方を間違えると、人間阻害の罠に陥ることになる。

4　嗜好を賢明に選ぶ

▼私は二十二歳を境に酒を断った。酒を口にしなくなった理由は大きく二つある。一つは、父が過度の飲酒によって、母や子どもの私たちを悲惨に追いやった経験をしていることである。もう一つは、受洗を機に、主の前から私の正気がふらふらと遊びに出ることを嫌ったからである。「酒に酔ってはいけない」（エペソ人への手紙5章18節）ともある。

酒には乱行や悲しみが付きまとう。楽しみで摂っていたはずであるのに、いつの間にかそれを越え、はめを外して他人への迷惑や家族への悲痛を招く。また自らの品格を堕とし、見苦しい本性を暴露する（同3〜4節参照）。

酒は醜悪な行状や失敗の元凶となり得る（同18節参照）。ゆえに「君子、危うきに近寄らず」である。

▼特殊な例かもしれないが、私は酒をいっさい飲まない。煙草も口にしたことがない。しかし、これがどんなに有益かは実際生活の上に現れる。事故を起こさない、他人に迷惑をかけたり、家族を悲しませたりしない、常軌を逸することによる失敗をしない、などの害を抑えられるのはもちろんである。さらに健康が保たれる、規則正しい生活を保てる、醜態を曝す危険もなく、無礼講を演ずることもなく、いつでも品位を保てるなどの益がある。それよりもなによりも、主の前から心がどこかへ当所《あてど》もなく遊びに出ることがない。自分を見失うこともなく、常に主との正常な交わりを保てる。

若い時から「酒を飲まないような男は、人の上に立つ長にはなれないぞ」と勧言されたり、酒が付き物の宴席へ出なければならない場合もあったが、企業の責任者になった後においても、商談上また仕事上で、酒が飲めないがために、何か支障を来たしたことは一度もない。むしろ信用を得た。

特殊ついでにもう一つ。これは現代においては異常な部類に属するかもしれないが、私は車を持たない、運転をしない。これの有益なことは、公共交通機関を利用するので、自分でハンドルを握る必要がなく、その乗車時間内は読書ができる。副次的であるが、ドライブなどの余計な誘惑がない。

5 深く眠る

▼健康的な深い睡眠は、前日までの身体的疲労を爽快に取り去ってくれるだけでなく、以下のような多

くの効果がある。積極面においては、解決困難に複雑にからみ合った問題が、快い睡眠の後には、快刀乱麻に解きほぐされて、最適の良案が出ることがある。それに、今まで思い付きもしなかったような、すばらしい創意や発明発見のアイデアが閃き出ることもある。

消極面においては、怒りや苛立ちなどの興奮が嘘のように収まり、憂鬱に塞がれていた気分が盛秋の高い晴天のように晴れわたる。

そういうわけだから、問題を抱えたままいつまでも深夜を過ごすことはしないほうがよい。祈って委ね、快眠を与えられるように願って、さっさと床に就き、眠りに入るほうがよい。

▼睡眠についての要点は、寝ている時間の長短ではなく、眠りの深さである。深く熟睡するためには、日々の生活を規則正しくすることと、何事にも過度を慎んで節制することが肝要である。

目覚めて星空が明るんできて暁に染まりくる頃の気分は爽快である。夜遅くまで起きていることは、誘惑が多く、魂を弛緩《しかん》させやすい。ゆえに、同じ長さの時間を眠るならば、早寝早起きのほうが益が大きい。そして、体調にもよるが、目覚めたらいつまでも床中にいて惰眠を貪るようなことをせず、すぐに立ち上がって活動を始めることである。

熟睡するためには、困り事や悩み事をできるだけ持たないことである。そのためには、課題や問題を多く抱えていても、夜のデボーション（個人礼拝）時に主に委ね、睡眠中の守りを願い、熟睡を与えてくださることを求めて床に就くことである。

六節　敬虔を旨とする

1　暇な時間を作らない

▼中国古典の『大学』に「小人《しょうじん》閑居して、不善を為す」という言葉がある。スイスの哲人カール・ヒルティも『眠られぬ夜のために』の八月七日で、「退屈は、あらゆる不道徳の原因となることがきわめて多い」と言っている。そうなのだ。私たちは、かなり修練を積んだ人であっても、暇な状態に自分を置くと、ろくでもない悪いことを考え、汚れた行動に走りやすい。特にそんな時には、心が主の御前から離れているものである。

▼みずみずしいおいしい果物も、気温の高い夏場には腐敗しやすい。寒風の冬には腐りにくい。人もぬるま湯の平穏無事なときこそ、気を引き締めねばならない。イスラエル第二代の王ダビデも、決して小人ではなかったが、閑居したために、姦淫を犯す不善に陥った（旧約聖書・サムエル記下11章2～5節参照）。

2　驕《おご》りを自戒する

▼不世出の賢人と言われるような最上級の人でも、主を畏れることから離れ、御言葉に従おうとする意識が薄れると、最も悲しむべき光景を曝す人物に落ち込んでしまう場合がある。贅沢と快楽の虜になって主を忘れるからである。〔コラム２〕

▼どう言い訳をしようとも、高慢であることは、その人が精神的に貧しいことの徴《しるし》である。ましてや傲

〔コラム2〕

◆ソロモンの晩年の汚点

隆盛と知恵を誇ったイスラエル第三代の王ソロモンが、晩年を迎えた時期に、人生を失敗に終わらせてしまった。その原因は、贅沢に溺れ、性的誘惑に勝てず、偶像礼拝に加担したためであった。彼はこのことによって、自ら精励努力して繁栄させた国を二つに分裂させ、やがて滅亡へと向かわせる糸口を作ってしまった。

不世出の賢人と称えられ、輝かしき治世の青・壮年期を経過したソロモンも、「主の言葉に従わない」という最大の罪を犯すことによって、聖書の中で最も悲しむべき光景の一つを曝してしまった。主は、晩年のソロモン王の姿を聖書に書き残すことによって、人の奢侈、贅沢と飽くことのない快楽の追求とが、いかに最上級の人間をも狂わせてしまうかを示された。　〔『天命に立つ』p.335〕

慢ともなれば、人格が欠如していることをプラカードを掲げて自分から宣伝しているようなものである。

3　悪に近付かない

▼妖艶ローレライがライン河岸の岩の上で歌うと、船人は美声・美貌に魅せられて、舟は岩礁にぶつかり、沈められてしまったという。

　悪に興味を持つ者も同じである。好奇心で近づいてみたり、もう少し詳しく知ってみようなどと深入りした者は、いつの間にか悪に取り憑《つ》かれ、そこから抜け出せず、捕まえられて、気が付いた時には、取り返しのつかない自分になっているものである。

　悪には近付かないのが一番よい。悪に近付きそうな気分と時間があるならば、むしろ、善に近付き、善を追い求めることに力を注ぐべきである。善の領域にあって自分を不幸に陥れてしまった、という人の話は聞いたことがない。

▼享楽に関しては、長期に浸ることを警戒し、できたら遠ざかっていたほうがよい。苦難は人を強くするが、歓楽はたいていの場合、しばしば人を軟弱にする。そして、そこに留め置こうとする強い誘惑の力に負けてしまう。

▼罪は、犯した内容の大きいか小さいかは問題ではない。人には軽く小さく見えても、主の前には重く大きい罪がある。イスラエルの国勢を歴史上最大に導いたソロモンが、晩年には自国滅亡の端初を作ってしまった。原因は女性と偶像と贅沢であった。美《うる》わしい出発が悲しい終焉の人生にならぬよう、心しなければならない。

4　信仰の内を歩む

▼信仰することは、単なる思念ではなく、生活することそのものである（新約聖書・ピリピ人への手紙1章27節参照）。信仰は、課題のために働き、使命を果たし、それらの一つひとつに感謝、感激、感動する営みである。ただ思索し祈念することだけに留まらず、日々に主から力を受けて実践し、活動する生活である。

▼自分が不運に陥ったときに採るべき知恵がある。それは、自分が現在不遇の内にあることを、人々に口外しないことである。たいていの周囲の人々は、その人が不運の内にある場合に、離れ去って行くだけならまだしも、多くの場合、加害者側に回って加担することまでして、ますます不運の深みに追い込もうと画策するからである。そうであるから、自分が不運の内に陥れられたとしても、それを口にも顔にも出さず、好運の内にあるような態度を示して、平静を装っておくことが上策である。こうするならば、少なくとも悪条件が倍加することは抑制できる。

〔コラム3〕

◆表に現さなかった苦境

私は、会社を採るのか教会を採るのかの二者択一を社長から迫られて、仕事を干されてしまった苦境に何か月もあることを、顔にも行動態度にも表さなかった。誰にも相談しなかった。心境を打ち明けることもしなかった。だから、そのような状態にあることを、同僚も部下も先輩役員も、誰一人知らなかった。妻さえ、後で聞いて、「そんなことがあったんですか？　少しも知らなかった」と言っていた。まして子どもたちへもやである。

私がなぜ苦しい心境を吐露せず、解決の手段を見つけるために誰にも相談せず、慰めの言葉を期待するために窮状を聞いてもらうこともしなかったのか。それにはいくつかの理由がある。

一つは、それが主からの試みの問題であって、主と自分の一対一の関係の中で起きていることであり、他者が間に入り込むべきものではない、と考えたからである。二つ目は、この世にあっては弱り目を見せれば、この世の人々は助けるどころか、ますます窮状に追い込むほうに加担するものであることを知っていたからである。三つ目は、家族には心配をかけたくない、との夫として父親としての責任感からであった。（中略）七つ目は、人に相談することによって、主が解決してくださる方向から、あらぬ方向へ事態が発展してしまうことを、恐れたからである。　〔『聖潔の探究』p.189～190〕

不運から抜け出すための最善の方法は、信頼のおける方、すなわち主に話して、十分に聞いていた

だくことである。〔コラム3〕

▼世間に対して不平を言わず、いつも満足していられる方法がある。世間に期待しないことである。また世間を恐れないことである。世間というものは、本来世間から何かを受けるものではなく、自分のほうから世間へ働きかけ、世間へ与えるものである。隣り人を愛する（マタイによる福音書22章39節参照）とはそうすることである。

▼美しい音楽は私たちの心をなごませる。時には清冽な思いへと招き入れてくれる。音楽には人の心を癒やす力がある。音楽に私たちの心を平安にさせる力が備わっていなかったら、決して音楽は人類の内に生まれてはこなかったであろう。

言葉だけに力があるわけではない。織りなす色彩の絵画だけが美を提供するわけではない。天の父は自然を含む多くの一つひとつに、私たちに感動と喜びを与えるために、美を備えてくださった。その一つひとつに天の父の賜物としての美を確認し、美しさを味わうことは、私たちの人生に豊かな色どりを与えてくれる。

第二章　時間の使い方

序　時間を大事に用いる

私は時間の使い方には、気を使いました。なぜなら、時間は刻々と過ぎて、二度と戻らないからです。そして、時間の中に、私のすべてのものが詰まっているからです。思想も信仰も、アイデアも意欲も、私の存在の始まりも終わりも、生も死もです。ですから、時間を貴重なものとして取り扱うようにし、決して無駄にしないよう心掛けました。

時間は人の誰にも平等に与えられていて、一秒は一秒、一時間は一時間、一日は一日です。しかし、その時間の用い方によっては、時間を尊くもできるし賤《いや》しくもできます。その間の行うことの価値と密度によって、同じ時間を長くも短くもすることができます。

自分に天から賦与された時間は、限定されたものですので、瞬間瞬間であってさえも、浪費せずに有効に使いたい、と心に決めています。

一節　時間を無駄にしない

1　時間を浪費しない

▼話すべき時に話し、話すべきでない時には話さない。こうすれば言葉も時間も無駄にすることなく、有効に使うことができる。ところが人は往々にして話すべき時に話さず、話すべきでない時に話す。これによって言葉と時間を無益に浪費する。それだけで済むならまだよいが、自分を卑しく貶《おとし》め、要らぬ失敗さえ招くことになる。

▼長い人生を短くすることもできる。現在の時間を浪費すればよい。

▼「小人《しょうじん》閑居して、不善をなす」という言葉が中国古典の『大学』にある。小人物というのは、暇があると、とかくろくでもないことをやらかすという意味である。

ひまな閑暇とは、煩忙の間にある休息とは異なる。大人《たいじん》は休暇は持っても閑暇は持たない。持つ余裕がない。そして休暇の休みを有効に使う。小人と大人の違いはこんなところにも表れる。

あまりにも短い人の一生であるならば、時間を徒《いたず》らに浪費したり、善くないことに用いるのではなく、たとえ短い時間であっても、閑暇としてではなく休暇として、心身にとって有益なことのために用いたい。

▼「これほど忙しいので、余力、余暇などあるわけがない」と人は言う。しかしそうだろうか。余力、余暇は与えられるものではない。欲し、意志する者のために存在する。どんなに繁忙な人でも、意欲ある人には、したいことへの余力、余暇は生み出されてくるものである。

2　時間を無駄なことに使わない

▼人の誰にも公平に与えられているものがある。天候と時間である。晴れたり曇ったり、嵐が来たり災害が来ることは、誰にも変えることができない。しかし、時間だけは自分で左右できる。

この時間は、人それぞれによって寿命として与えられており、長さが違う。いつ臨終にさせられるのかは、誰にも分からないし、自分も知らない。人生を成功させたり、あるいは幸福にするかしないかは、この時間をどのように使うかで決まる。時間を無駄に使った者は、人生や生活に必要でもない無益なものを多く獲得する。時間を有効に使う者は、成功と幸福が約束されている。

時間を有効に使う秘訣は、自分に残された時間を数えることである。そうすれば、しなくてもよいことはせず、すべきことだけに精力と祈りを集中して活動するようになる。

▼時間を作り出す簡単な方法がある。無益なことはしないことである。どうでもよいこと、しなくても

差し障りのないことは、生活から締め出し追放することである。〔コラム4〕

▼社交については、節度を保ちあまり深入りしないほうがよい。人々との間断のない交際は、益少なく、損傷が大きい。精神の内面的生活を高めるのは、人々との互いの駄弁の中よりも、一人静かに黙想している時のほうが多い。

特に人々に囲まれ、教えたり提示することの多い立場にある人は、極力時間を見つけ出して、人々の群れから離れ、一人になることを心掛けねばならない。神の子と言われるほどのイエス・キリスト

〔コラム4〕

◆やらなくてよいことはしない

時間の用い方として、私は「やらなくてよいことはしない」ことを心掛けた。次のことは、職業上また生活上、できることであったのでそのようにした。

まず、テレビは見ない。できるだけ見ないことにした。テレビは、30分、1時間と、多くのまとまった時間を費やす割には、取得すべき情報量が少ないからであった。

必要な情報は、新聞、専門雑誌、読書、人との会話から得た。新聞の読み方は、「隅から隅まで目を通す」というようなことはせず、表題や副題を見て終わりにするか、リード文（頭書き）を読んで、必要と思われれば中身まで読むようにして、時間を切り詰めた。

次に、ゴルフ、その他のレジャーはしない。多くのまとまった時間を盗られてしまうからであった。

〔『満たされた生涯』p.354～355〕

でさえ、天の父との交わりを深めるために、群衆や弟子たちから離れ、一人で静かな山に登り、深く祈りをされた（マタイによる福音書14章23節参照）。

二節　時間を有効に使う

1　時間を効果的に用いる

▼生活をしている中で、自分が脇役になっているか主人公になっているかは、その人の時間の用い方に顕著に表れる。その表れは、行動する一日の時間配分、該当事項への時間の割り当ての長短、注力すべき時間と気を抜いてよい時間の使い分けなどに出てくる。最も効率的に行動しようと思ったら、決して時間に追われたり振り回されたりしないことである。自分が主体的に生きて、時間を制御する主人公になることである。

▼人生百年とはいえ、三分の一は床上《とこうえ》にあって眠っている。活動できる昼間も、少年期は学びと修練という準備期として取られ、老年期は衰えて現場から身を引かざるを得ない。となると人生で実際活動できる時間というのは、かなり少なく限られたものになる。

ゆえに、「少年、老い易く、学成り難し、一寸の光陰軽んず可からず」（朱熹「偶成」）との戒めも、納得できる。自分に与えられている時間は、なんとしても大切に使いたい。

2　僅かな時間を活用する

▼成功の秘訣の一つは、ごく僅少なものであっても見過ごすことなく、それを活かすことである。金銭や物財はもちろんのこと、他人から提供された労力や与えられたちょっとした笑顔でも、である。
しかし、何よりも浪費してはならないものは時間である。短い僅かな時間であっても見逃がすことなく、有効に活用する人は成功する。時間を無駄にする者で成功したとの話は聞いたことがない。

▼今使える時間が短いからといって、その時間を無駄に過ごしてはならない。生涯の業績の半分は、この短い時間の断片を有効に活用することから生まれてくる。

▼一番忙しい人が一番多く時間を持つ。逆に、暇を持て余す人ほど常に時間がない。

3　時間を貴く用いる

▼賢い人は、今の時を生かして用いる（エペソ人への手紙5章15～16節参照）。時間を有効に使うことは、成功と幸福に結びつく。時間を有効に用いるポイントは三つある。

〔コラム5〕

◆仕事を切り換える

時間の使い方として、私は完全に身体を休めるというような休息の摂り方はせず、疲れたら質の違った仕事をした。

製品設計やシステム設計、あるいは規定条文の作成など、頭脳労働をすることによって頭が疲れた場合には、歩いて行ける人の所へ必要書類を届けるとか受け取りに行く。人との打ち合わせに入るとか、調べものをするなどである。他部門へ行くための階段の昇り降りも、歩行による気分転換の一つとして用いた。

疲れても全くの休息に入る必要はない。仕事の質を変えるだけで、休息したと同じぐらい、英気は回復されるものである。

〔『満たされた生涯』p.356〕

①しなくてよいことはしない。しなければならないことだけをする。

②疲れたら、別の質の仕事をする。たとえば頭脳的な仕事で疲れたら、身体を使う仕事に切り換える。

③こま切れの短時間でも無駄にしない。〔コラム5、6〕

▼時間を有効に用いるコツがある、以下は私のとった方法である。

①六日働くためには、七日目を安息日とする（出エジプト記20章8～11節参照）。週の初めに聖日厳守して英気をいただき、それから週日の仕事に就く。これを数十年にわたって続ける。

②やらなくてよいことはしない。時間の割には情報量の少ないことは避ける。新聞も表題や頭書き部分で済ませる。単なるおしゃべりには加わらない。
③自分に関係することであっても、争い事には加わらない。乱された心が冷静になるまでに時間を要するからである。
④やるべきことを明確にして、優先順位をつけてこなす。午前中は熟考を要する案件のために使い、午後から人との情報交換などに使う。

〔コラム6〕

◆すべきことだけをする

やらなくてよいことまですると、時間がなくなる。そればかりでなく、そのことによって疲れてしまい、気力も体力も削がれてしまう。そして本来しなければならないことができなくなる。

誰にも自分にしかできない事柄がある。他人に任せてはならず、自分がやらなければならないことがある。自分にとって不可欠であり、自分本来の仕事というものがある。やらなくてよいことをやっていると、これができなくなってしまう。自分本来の働きが疎《おろそ》かになってしまう。

忙しく立ち働くことだけが善ではない。一心不乱に動き回ることだけが美徳ではない。人として、置かれた職分や立場として、やるべきことを漏らさず確実に行うことが善なのである。

やるべきことさえしっかりやっていれば、しなくてよいことはやらなくてよい。〔『満たされた生涯』p.358〕

⑤その日一日に全力を注いで完結させることに心掛け、翌日に仕事を回さない（マタイによる福音書6章34節参照）。

⑥疲れても完全に休むことをせず、質の違った仕事をする。それだけで休んだと同じぐらい英気は回復する。

⑦時間を有効に用いる（エペソ人への手紙5章16節参照）。電車で通勤するようにし、車中は読書に当てる。新聞は湯船に漬かって読む。会話しながら食事をし、一人の時はニュースを聞きながら、または新聞を読みながら、あるいは子どもの勉強を見てやりながらする。

⑧背筋を伸ばし、歩幅を大きくして、早めに歩く。

⑨すべきことだけをする。他人には任せられず、自分にしかできないことだけをする。やるべきことだけをして、仕事に追われることを避け、ゆとりを持つ。

以上のような「時間を有効に使うコツ」の根底は、「より高い価値あるものは何か」を見究めることである。〔コラム7〕

▼繁忙の第一線のビジネスマンであっても、工夫次第では結構時間を造り出し、かなり大きいセカンド・ライフワークの事柄もできるものである。しなくてよいことはせず、小間切れの時間でも有効に用いると、週日の夜とか土・日の解放時などに、まとまった異質な仕事をすることができる。私はそれを学習や著作や奉仕に当てた。〔コラム8〕

▼時間の有効な使い方の一つは、何をするにも「仮に」はしないことである。その時に全力を注いで仕上げてしまうことである。一時的に為して、後でまとめようと思っても、その時以上の出来映えになることはほとんどないし、下手するとまとめる機会さえ失う。

全力を注いで仕上げたものは、同じような事を必要とする別の機会に、何度でも利用することがで

〔コラム7〕

◆時間を有効に使う

時間の用い方として、私はやるべきことに優先順位を付け、その日のうちにどうしてもやらなければならない重要なことを優先させてこなした。新鮮な心と体になっている朝の時間帯を、どうでもよい無駄なことに使わないようにした。

だから、良し悪しは別として、新聞はその日の夜に読んだ。朝からの会合を避けた。人との打ち合わせも、できるだけ午後に回した。

時間を有効に使うためには、自分に直接関係することであれ、他人のことであれ、心乱される争い事からは、できるだけ距離を置くことにした。自分が我慢すれば済むことは、受けて立つことだけで終わらせるようにした。争うと、その後に乱された心が落ち着いて冷静になるまでに時間を要するからであった。

使える時間は限られている。密度の濃い、有意義な人生を送ろうと思うならば、確固とした価値観の上に立って、やるべきことのみを行い、やらなくてよいことはしないことである。

〔『満たされた生涯』p.355～356,358〕

きる。そしてそれと関係した別の事柄へ応用することもできる。

〔コラム8〕

◆書く時間があるのか

私が本を何冊も出版し続けることに関し、いろいろな質問を受ける。その中に「いつ書くのか」というのがある。その質問には、「責任者としての仕事をして、時間がないのに、どうして書けるのか」、「どのように時間を見つけ出して、書くのか」、「どんな時間を著述する時間に当てるのか」、「書く時間なんて取れるのか」という意味が含まれている。

確かに一般的に考えれば、ビジネスマン、管理者、経営者という忙しい仕事をしながら、加えて業界活動や奉仕活動もしていれば、本など書く時間があるはずはない。ところが、それがあるのである。本を書く時間をひねり出せるのである。

その基本は、規則正しい生活をすることと、すべきことだけをして、書く時間を創り出すことである。仕事に関しては、時間を高密度に有効に使い、週日の夜の時間や土曜、日曜の大部分の時間を、著作に当てるのである。

時間を創り出す最大のポイントは、「しなくてよいことはしない」である。そして次に、「小間切れの時間でも有効に用いる」である。これが、1日24時間、1年365日しかない中で、有益な仕事を続けながら、著作もできる秘訣である。

〔『満たされた生涯』p.515～516〕

第三章　対人関係の知恵

序　上海での通院厚遇

私が責任者となって海外の子会社である上海芝浦電子を立ち上げるのに奮闘していた頃の話です。春節を利用して日本へ一時帰国していた際に、体調が思わしくなく、某大学病院での診察の結果は、肝機能障害でした。過労と感冒が原因でした。医師からは入院して点滴を奨められましたが、その時間が取れないので、継続治療依頼書と血液分析書を受け取って、上海へ戻りました。

地域事情に暗い私は、病院のある場所さえ分からず、困っていたところ、弊社の総務課長が、「税務署長が大病院の医師を知っている」とあったので、税務署を訪ねました。署長は快く引き受けてくれて、すぐに病院へ電話をかけてくれました。私たちが三階の署長室から階段を降りて、石段付きの玄関へ出ると、乗用車が横付けにされ、運転席には先ほどの税務署長が座っていました。「私が連れて行くから、すぐ乗れ」の言葉に甘えて、乗車し、病院へ着くと、診察待ちの多くの人々が待っているにもかかわらず、直ちに内科診察室へ通されました。医師は日本の病院からの資料や依頼書に目を通し、病状説明、血液採取等の後に、再通院日を告げてくれました。その後、診察室を出て一階の診療費支払い窓口へ行きました。すると税務署長は、支払待ちの人々の群れをかき分けて事務所へ入って行き、数分後に出てきて、私に告げました、「支払わなくてよい。公費扱いにしておいた」と。

その後の再通院時も優先的に扱ってくれ、公費扱いでした。

このことには、私が政府機関を含めた近隣の中国諸官署の責任者たちから、私の日常行動や仕事上の対応・接渉、社員の人間教育などを通して、誠実で真摯な指導者として評価され、受け入れられていたことが、功を奏したのかもしれません。確かなことは不明で想像域を出ませんが、私の高額納税が影響していたのかもしれません。

一節　正しく人物を評定する

1　正しい基準で人物評価する

▼友を選ぶのに、とかく相手の身分とか家柄、血筋、地位、誉、美貌、近親者の社会的高位度などで決めやすい。そうではなく、自分にとっても相手にとっても、永く「良い友」であり続けられるようになるのは、その人の持つ人徳とか、夢とか、人生への姿勢などを基準として選び、その後も互いに敬意を抱きつつ、親交を深めることができる友である。

▼主の恵みを受けている人に、一つの特徴がある。他人を決してけなすことをせず、褒めることをする。彼は相手に対し、長所には両眼を大きく開き、欠点には薄く開いた片目になるからである。

▼友を多く持てない人にありがちなことは、語り合うべき人物と出会っていながら、語り合わないことである。また、言葉と時間を浪費する者にありがちなことは、共に語り合うには足らない相手と多くを語ることである。

対面している相手と、さらに語り合うべきか、それとももう止めるべきかの判断は、語り合いの相手が真の価値を追い求めている人物であるかどうかを、判定基準にすればよい。

▼自分を自分以上に知っているのは、意外にも敵である。こちらの特徴も強みも弱みも、よく調べ上げて知っている。だから何か指摘されると的を射ている。そういう意味で敵を愛するとよい（マタイによる福音書5章44節参照）。和解した暁には、無二の親友にさえなる（箴言16章4節参照）。〔コラム9〕

2　苦難時の友を選ぶ

▼友を選ぶなら、自分が貧しく、生活が沈み、賤しかった時に寄ってきてくれた友を選べば間違いない。

〔コラム 9〕

◆愛すべき敵

敵を大切にせよ。なぜなら、自分の弱点を自分以上に知っており、敵と言われる者だからこそ、最も多く自分の欠陥を示してくれるからである。敵が突いてくるこちらの弱点や欠陥は、厳しいがだいたいは正しい。自分の不徳は、自分では気が付かなかったり、甘い点数を付ける。しかし、敵の判断は鋭く核心を突いている。

敵を愛さなければならない理由は、正確な評価をするからだけではない。敵に責められなければ、決して知ることができなかったことを知るようになったり、生涯でこれ以上重要なことはないような事柄を経験させられるからである。例えば、敵からの迫害を通して、主との結び付きを深く堅くするとか、きよめを受けるなどである。

（中略）敵をただ憎むだけであったり、避けるだけであってはならない。敵との関係の中にも、主の御旨を探し、導きを求めるべきである。「主はすべての物をおのおのその用のために造り、悪しき人をも災の日のために造られた」（箴言 16 章 4 節）とまでして、主は教えられる。〔『クリスチャン人生　瞑想録』p.130〕

▼盟友かどうかは普段では分からない。苦境や困難に陥ったときに、表れてくる。利害関係だけで結ばれた友は、そんな時、見棄てて逃げて行く。だが信頼関係で結ばれた友は、そのような場合にこそ、親身になって助けてくれる。

▼私たちが世を渡る上で、信じるべき人と信じるべきでない人がいる。

自分が不運に見舞われ苦境に陥れられ、不遇の中にある時に、決して見捨てず、側にいて励まし、支えてくれる人々。このような人々は信じてよい。

だが、こちらが幸運の中にあって、順調な道を歩んでいる時には、愛嬌をもって近づき、お世辞をこねまわし、後ろを向いては舌を出しながら持ち上げ、笑顔を振り撒いてくるが、不運が襲ってきた途端に、見て見ぬ振りをし、あたかも何の関係もなかったかのように黙して去って行く人々、このような人々に決して気を許してはならない（ルカによる福音書15章14～16節参照）。

3　自分で確認してから評価する

▼人は、往々にして自分の利益を増やしてくれる人や物に対して好評を贈りやすい。そういう意味で、好評であるからといって、それが誰に対しても益を与えるとは限らない。むしろ、当時のイエス・キリストがそうであったように、ある人へ世間の人々が下す不評のほうが、かえって他の人の幸いを保証することさえある。したがって、誰にも受けがいい人物であっても、自分の目で確かめてみる必要がある。また誰にも受けが悪い人物であっても、自分の目で確認してから、人物評価に結論を下したほうが間違いない。

▼日常において、ある人物を話題に乗せる場合、自分はあまり深みに嵌《はま》らないほうがよい。なぜなら、

たいていは悪口に終わるからである。特に隣人についての噂では、称讃に終わることがほとんどない。「悪い言葉をいっさい、あなたがたの口から出してはいけない。必要があれば、人の徳を高めるのに役立つような言葉を語るようにしなさい」（エペソ人への手紙4章29節）。これが私たちへの訓戒である。

二節　語るを慎重にする

1　多弁の愚者にならない

▼愚かな人ほど騒がしい。弁《わきま》えがなく、当人が思っているほどには、何も知っていない。

▼失言を取り消すぐらいなら、多くを喋らないほうがよい。言葉数は、少ないより多いほうが、話さなくてよいことまで口にしてしまうものである。無口も良くないが、多言の喋り過ぎも災いの元である。コミュニケーションを円滑にするためには、節度をわきまえておき、口を開くのは適量がよい。

▼眼は心の鏡であり、口は思念の代理である。内にあるものは、肢々の外側に表れ出てくる。悟りある者は、言葉数少なく、愚者に限って口数が多い。喋り続けるのは軽率の極みである。百害

あって一利なし、と心得ておいて間違いない。

▼「失言の取り消し」を繰り返し、「こちらの真意が伝わっていない」の弁解で自己正当化するような者に、誰が信頼を置くものか。適切な言葉が見つからないなら、多弁であるよりも口を閉じて寡黙であったほうがよい。

2　適切会話のコツに従う

▼多弁か寡黙かは、良し悪しの問題ではない。教師が多弁でなかったら、生徒は教わることができない。公共車中で寡黙でなかったら、騒がしくて近隣迷惑である。重要なことは、どちらであっても、口を開いたら、真理を語っていることであり、急所を突いていることである。多弁であれ寡黙であれ、その場の状況に適合していれば、どちらにも力がある。

▼言葉数が多ければ、言わなくてもよいことまで語ってしまう。挙句の果てには、焦点が分散して伝えたい真意がぼやけてしまい、長時間話した意味が無くなる。必要なことだけを言葉を選んで語るのが最良策である。さもなければ沈黙を守ることだ。

▼私たちは、まずよく見、よく聞くことを先にしなければならない。口を開くことはその後でも十分に

間に合う。現に目は二つ、耳は二つの四つに対して、口は一つである。この割合が良い。

3　自分語りを慎む

▼話題に上《のぼ》る事柄は数多い。それでも話題にしないほうが賢いことがある。他人のことと自分のことだ。他人を話題にした場合、くさすことは多くても褒めることは少ない。自分のこととなるとその逆で、実際以上に良く語り、聞いている相手は自慢話にうんざりする。

▼私は次のように、自戒を込めて言いたい。何かの集会や人前で、自分のした行為をたびたび、そしてくどくどと話さないほうがよい。自分が愉快に思うほどには、他人は愉快に聞いていない。むしろ、眉をひそめつつ、またかと思って、早く終わるのを待っているものだ。

4　会話の仕方に注意する

▼会話において、教養ある人なら、しないことが五つある。

①噂話や単なるお喋りに深入りしない。

②自分が正しいのだとの主張を繰り返さない。

③済んでしまったことは、いつまでも悔いることをしない。またくどくどと弁解しない。

④自分に関する事は、やたらと多く話して聞かせない。
⑤この世のもので自分が欲しいものを、たびたび話題に乗せない。

▼人との会話や交流を妨げるものが、四つある。
①自分の主観だけで憶測して、他の人の意見を入れない。
②凝り固まった自分の考えを絶対として、何が何でも押し通す。
③一つの判断基準に固執して、他の判断もあり得るとの余裕を持たない。
④他の人の状況や経験・知識を無視し、自分の都合や得た情報しか考慮しない。

5　目を見て話す

▼自分の意志を伝えたいときに、書面だけでは十分でない。言葉だけでも伝えきれないものが残る。これを補うのが目である。会って言葉を交わす。それも、口を開くだけでなく、相手の目を見て話す。表情や抑揚以上に、目は心の奥底の嬉しさ、悲しさ、憂い、喜び、怒り、本気度などの感情までも、豊かに伝えてくれる。

真意を伝えたい時は、直接会って目と目を会わせ、見つめ合って、言葉を交わすのが最良である。これは夫婦、親子、友人、恋人に限らない。教育やメッセージ、会合、指示などにおいても言えることである。

▼雄弁よりも訥弁《とつべん》で語るほうが真意が伝わることがある。訥弁よりも無言のほうが真実が伝わる場合がある。喋り過ぎるよりも、その人を黙って見つめてあげるほうが、一般には効果が大きい。目の奥にはそれだけの力が秘められている。

三節　憤りを言葉にしない

1　怒りを抑制する

▼「怒ることがあっても、罪を犯してはならない」（エペソ人への手紙4章26節）。これは重要な戒めである。どんなに怒り、憤ったとしても、それは情意の範囲に止《とど》めておくべきで、その怒りを行為にまで表せば、他人を傷つける罪となる。

続く戒めは、「憤ったままで、日が暮れるようであってはならない。悪魔に機会を与えてはいけない」（同26〜27節）である。怒りを静めて元へ収めることは、確かに難しい。しかし、憤りの原因の多くに、相手ばかりでなく自分にも一分の非がある。相手の非については神の取り扱いに委ね、自分は早く神のあわれみの内に飛び込むことだ。怒ったままで夜を迎えてはならない。まして翌日に持ち越すようなことがあってはならない。そうでないと、事態はますます悪化し、あらぬ結果を招いてしまうことになる。

▼広大無辺の宇宙や永遠的な時の流れから見ると、人ひとりの日々の営みは、小さく短く数えるに足らないものである。損得だの勝敗に一喜一憂して、そのたびに頭を熱くしても、その激情の姿というものは、「蝸牛角上の争い」ほどのものである。カッカッとしてその事柄に心を捕らわれてしまうよりも、もう少し冷静になって、真なるものは何かとか、本質は何かということを見極めることに時間を使ったほうが、利口というものではなかろうか。

▼小さな声で相手に聞こえることは大切である。自分の声にならない声で聞こえるのは、もっと大切である。大声は実用には向くが、繊細な気持ちは伝えにくい。まして怒鳴り声のような大声ともなったら、発するほうも聞くほうも、嫌な気分しか残らない。

2　苛立たない方法を修得する

▼自分の思うようにいかないとすぐに気が立ち、場所、状況、相手かまわずに怒りを表すことを、「苛立つ」という。愛は苛立たない〔コリント人への第一の手紙13章8節参照〕。苛立ちの原因に短気がある。短気は決して気質でもなければ癖でもない。すぐに直せる性情である。苛立ちそうになったら、一度深呼吸して腹に飲み込み、それから数秒後に口を開くようにすればよい。〔コラム10〕

▼怒りは自分が無防備の状態にされた時に出てくる。自分が頼って確信していたことが否定された時に

出てくる。怒りは恐れの一種の変形である。自分がどんな場合にも固く守られていることを知っている者には、怒りがほとんど出てこない。怒りが生じてくる理由が取り払われているからである。

〔コラム 10〕

◆愛は温和である

「苛立つ」、それは常に気持がいらいらして、怒りっぽくなることである。自分の思うようにいかないとすぐに気が立ち、場所、状況、相手かまわず怒りを顕わにすることである。「何やってんだ！」、「言うとおりにしろ！」、「つべこべ言うな！」、「弁解すんな！」、「早くしろ！」……。苛立ちの言葉はいくらでもある。

ところが、愛は苛立たない。気が長く、おとなしく、穏やかである。接する相手に対して、静かで気が長いということは、愛の中の重要な要素である。すなわち、愛は温和である。

（中略）短気が一つの癖であるというのであれば、その気短で怒りっぽい気質は、いくらでも自分の努力と訓練で直せる。

いらいらした言葉が、口から出そうになったら、それを一度腹に飲み込んで静まり、数秒間待ち、それから相手に何を話したならば最も適切に伝えることができるかを考え、それから言葉にするようにすればよい。それで事が遅過ぎることは決してない。いまだかつてそんなことは、私には一度もなかった。むしろ、短気にいらいらして伝えた時よりも、早く、しかも十分にその趣旨が相手に伝わり、良い結果を招くことのほうが多かった。〔『愛の完全』p.64 ～ 66〕

▼相手の考えや行いが間違っているのなら、あなたが怒ったり彼に戦いを挑んだりする前に、むしろ憐んであげなさい。そのことが原因で自分の心が乱されるようなことがあったなら、あなたは正道から外れる危険の中にある。

四節　寛容をもって対応する

1　優しく接する

▼人に親切にするということは尊いことである。だからといって、格別に準備をして親切にしようと意気込む必要もない。気落ちして憂いの中にある人にとっては、優しい目の一瞥、気遣った一言が、どれほど慰めになるかしれない。

小窓から差し込む陽光、野鳥の囀《さえず》り、天高い青空、浮かんだ白雲、これらの取るに足りないと思われる一つひとつさえ、主の御手の内に守られているのだと知るとき、私たちを慰め励ましてくれる。ましてや温かい血の通った隣人の微笑みかけは、どんなにか傷ついた私たちの心を力づけてくれるかしれない。

▼「人生は、重き荷を負うて遠き道を行くが如し」と言ったのは、徳川家康である。こんな世にあって

は、重い荷であっても、一声かけてくれるだけで軽くなる。逆に、冷酷な言葉を浴びせられれば、軽い荷さえますます重くなる。互いに軽くし合いたいものである。

▼「負けるが勝ち」という言葉がある。これは負けるためではない。勝つためである。争い事があった場合に、より正しい者のほうが、まず少し譲るということをする。すると丸く治まる。なぜならより正しくない側には、譲る余地が残っていないからである。相手がまだ許す許容性を持っているうちに、こちらが少し折れてあげる。するとこちらの思いどおりになる。相手に力を貸してあげることだ。

▼我が子の親不孝によって晩年を苦しまないためには、自分が両親に優しくすることである。我が子の親不孝に苦しんだなら、自分が両親に冷淡であったと諦めるしかない。

2　温かく接する

▼人間関係において、相手に完全を求めてはならない。友人にも妻や夫にも従業員にもである。相手を寛容をもって受け入れ、欠けているところを補い合い、高め合うほうがよい。自分だって完全でないのだから。それぞれが備えている能力や長所を出し合って進むなら、明るい未来が開けること確実である。

▼世の中には、自分の責任ではないのに苦難に遭っている人がいる。為《な》す術《すべ》もなく、ただじっと耐え忍んでいる人がいる。同じような経験をした者は、そんな人を見ると、憐み深くならざるを得ない。自分も同じような境遇を通っている時に、温かく助けてもらったからである。〔コラム11〕

▼どんな無口な人間でも、相槌を打って聞きほれてくれる相手には、もっと多く深く話してあげたいと、心を動かすものだ。

〔コラム11〕

◆無過失の苦難をあわれむ

「あわれむ」とは、不憫に思って助けてあげることである。その人の責任によらないのにその人に降りかかってきている患難を、解決の術もなくただじっと耐えている者に、何とかしてあげたいと心を向け、耐え通せるように励まし、共に苦しみ、助力してあげることである。

世の中には、自分の責任ではないのに患難に遭っている人がいる。憐み深い人は、「自分も同じような境遇にあった。そこを主と人々の愛によって切り抜けさせていただいた。」それゆえに、苦難に耐えている人を見ると、自分のことのようにして愛を注ぐ。

〔『知慧に生きる』p.80〕

3　善意で接する

▼世知辛《せちがら》いこの世にあっては、人の語る言葉をまともには受け取らず、その裏を読んで対処するのが利口な聞き方だと言われることが多い。そうだろうか。むしろ人の言葉をそのまま受け取り、そこに誠実と善意があると仮定して信頼し、聞いておいたほうが、何かと好結果を生むことも確かだ。こちらがその言葉で騙されることがあったとしても、相手を傷つけることにはならないし、相手への自分の不誠実により自ら悩むこともない。いや、むしろそのような状況を何度か続けているうちに、話す相手も痛みを覚えるようになり、そのうちに真実をもって話すようになるものである。

▼相手の考え方までは自由にできない。彼はそう思ったのだ。彼を制御しようと望んで精力を使うのではなく、彼はそう考えたのだと肯定して、それ以上深入りせず、この件は終わりにすることだ。

▼勇気の中でも高く尊い勇気は、自分に向かう不正を甘んじて受ける勇気である。なぜなら、不正をしてくる者を愛して祈り、自らは耐えるからである。その勇気は、自分の権利や意志を強行する勇気よりも幾倍も大きい。敵を征服する最善の方法は、自分の剣を早くさやに収めることである。（マタイによる福音書26章52節参照）。

五節　悪批評を避ける

1　悪く言うことを慎む

▼人の取り扱いで決して間違わない方法がある。他人の悪口は、どこのどんな場合でも言わないことである。そして、当人が居る居ないにかかわらず、どんな些細なことでもよいから、その人の長所を褒めて、それで終わらせることである。それ以上は自分にも他人にも語らないのが良い。

▼陰口は水飴の口にあるようなものだ。当初は甘いが、放っておくと虫歯で痛み、耐えられなくなる。

▼何かを誰かに語る場合、できるだけ語る内容を極力真実にしなければならない。なぜなら、何かの対象を語る場合に、どうしても自分の感情や価値観を交えて話してしまうことが多いからである。もし、それができない自分の状態であるならば、沈黙することが最善である。十戒でも次のように戒めている。「あなたは隣り人について、偽証してはならない」（出エジプト記20章16節）。

2　裁きは後回しにする

▼人を裁くのは、その人の全体を知らないからである。人には良い点もあれば悪い点もある。悪行ばかりでなく善行もある。すべてを知れば、自ずと許せるようになるものだ。

▼人を裁いて決めつけることは、できるだけ先に引き延ばしたほうがよい。天の父だって裁きは、その人の死後のずっと先になされる。人は、人生のいつどこで善人に変わるか分からないし、変わる可能性を持っている。

人を動かす第一原則は、「批判も非難もしない。苦情も言わない」ことである（D・カーネギー）。

六節　対人で賢く振る舞う

1　言葉だけの人とは距離を保つ

▼実行の実績がなく、ただ意見だけを持つ人と、その述べられた意見について争ってはならない。論争したところで、何か効果が生まれてくるということはないからである。むしろ、自分の品位を傷つける結果にならないように、注意を先行させるに越したことはない。

▼良き友を選ぶための基準は何か。どういう人なら友としての契りを結び、逆に、どういう人であったなら友として近づかない方がよいのか。

友として選ぶべきは、自らの損得を顧みることなく、隣人の益を思って、それを優先する人である。それとは反対に、友人として選ばない方がいい人とは、自分の利益を優先し、周囲には配慮しない人である。さらにはこれに加えて、常に易きに就く人、人当たりはよいが実質がない人、口先は上手なのだが行いが伴っていない人。このような人も友として選ばない方が、後あと傷付けられないで済む。

2　礼儀正しくする

▼礼儀とは、応対する相手に嫌な思いをさせずに、敬意を抱きながら、接する立居振舞いのことである。

礼儀には、最低限の備えるべき三つの基本事項がある。①相手と対面するに当たって、自らの姿勢や態度、服装を正しくして接すること。②不快感を与えないように、自分の顔色や目の輝きを整えて接すること。③みだらな言葉を避け、相手を尊重している意志が伝わるような言葉を選び、よく聞き取れるように口を開いて明瞭な話し方をすること、である。

▼人間関係を損なうことなしに人と交わる要点は、相手の美点を探し、その長所に喜びを感じつつ、敬意をもって接することである。

▼人と会話をする場合に、無感動な落ち着きや冷淡な謹厳さは、本来の礼儀に表れる正しい態度とは言えない。本来の礼儀では、自ら先に敬意を表すと共に、相手の振る舞いや善に対して、感激と喜びをもって自分の反応を示すものである。

3　亀裂は早急に対処する

▼時宜を得た一針は、後の九針を助ける。ほころびは早期に繕《つくろ》ったほうがよい。人間関係においても組織の発生問題においてもである。遅れた後になっては、収拾するのに多くの労力を必要とするようになる。

▼信頼醸成の最善にして手短《てみじか》な方法は、コミュニケーションを十分に採ることである。会話をし情報を交換すれば、おのずと相互に信頼が生まれてくる。両者の間に不信や不満があるとすれば、それは話し合いがまだ十分に浸透していないからである。たいていの場合、話し合いが終わると、「ありがとう。なぜもっと早く聞いてくれなかったんだ」とお互いが言うものである。

4　服装に気を配る

▼服装について触れよう。ラーメン一～二杯分で外衣が買えるような豊かな世の中になったので、「そ

れだけの衣服が買えるくらいなら、飢えて困っている人々に、あるいは今日一日の衣食住を欠いている人々に施すために、その金銭を使え」と、声高に言わなくてもよくなった。その許しのもとに、ある程度ゆとりを持てるようになった私たちの社会で生活する者の、服装について述べる。

服装は、その人の人柄を、もっと正確に言うならば品格を表す。着ている衣類の高価、安価について言っているのではない。質素やきらびやかさについて言っているのでもない。その人がどんな服装をし、どんな組み合わせをし、どんなアクセサリーを身に付けているかは、その人がどのような心の状態の人なのかを、出会った人々に無言のうちにアッピールするし、会っている相手に静かで豊かな喜びを与えるものである。

▼装うことの留意点は、次のとおりであろう。その装いは、だらしなくないか、華美に過ぎていないか、見た人に不快を与えないか、自己主張し過ぎて傲慢を感じさせないか。ＴＰＯ（その時期、出て行く場所、何事かをする場合）に合った身だしなみになっているか、自分の人物を紹介できているか。自分の品性を感知してもらえるような服装になっているか。これが、その装いの良し悪しの判定基準である。

▼服装は、汚れているよりも清潔なほうがいい。虚栄に固まるのは見苦しい、むしろ謙虚のほうがいい。流行を追う必要は全くない。ＴＰＯに応じて、喜びを表したり悲しみを表現するために、派手や地味が求められる場合もある。

▼服装で一番適切なのは、その人の人物を表現している装いである。さらに加えて、会っている人々に、「この人のそばにいつまでもいたい」と思わせる雰囲気を醸し出しているなら申し分ない。私たちは肉に書かれて人々に読まれている言葉であり（コリント人への第二の手紙3章3節参照）、聖なるキリストを着ている者である。代表して主の前を歩んでいる自分であることを、忘れてはならない。

▼時と場所と場合に合った服装をすることは、自分の品位を保つのに役立つ。

堅い儀礼的な場所か、皆で楽しく過ごす歓談の場所か、そのＴＰＯに応じて、服装を整えることは、場の雰囲気を作り、相手や周囲の人々になごやかさや敬意を示すことになる。それよりも何よりも、自らの服装によって自分の緊張感を保ったり、悲喜の感情を表現できて、自分の立ち位置を崩すことなく、群れに加わることができる。

▼服装は派手過ぎないほうがよい。また地味過ぎないほうがよい。どちらも目立ち過ぎて自己主張が強くなり、そばで見ている人は、押しのけられているような感情に陥り、その人から離れたくなる。

▼外側が適切に整えられているのは、見ていても美しく気持ちがいい。その着飾りや持ち物をさらに輝いて見えるようにする方法がある。装いの内側にある心を美しくすることである。内面が澄んで美しく整えられている人は、その外側さえもますます美しく映えて見える。だが逆に内面が美しく整えられていないと、せっかくの外面が軽薄に見え、あるいは醜くさえ映るようになってしまう。（コラム

〔コラム 12〕

◆磨くは内側

最近は男性化粧品が多く店に並べられ、男性用美容室もある。女性が化粧品、服装、ファッション、髪型等、外側を美しく見せるために、多くの時間とお金を使うようになってから、この方久しい。男女とも話し方教室や歩き方教室まであって、繁盛している。

対人関係で、見た目を美しく好感を持てるようにするのは、正しい立居振舞いのマナーであって、接した人々から喜ばれる。それは好結果を生むことになろう。しかし、その外見の美しさに中身が伴っていないとなると、効果は薄く空しい。それが過ぎるようであると、接触した人を騙すことにさえなる。

外側を飾ることに夢中になっている人には、「おいおい、それでよいのか。もっとすべきことを疎《おろそ》かにしていないか」と心配する。自分の精神の内面を美しくすることに、同じくらいの気を遣い、自分の中身を充実することに努力するといいよ、と助言したくなる。

（中略）外側を豊かにするには、内側を豊かにすることである。内側が美しくなっている人は、外側までもが美しく豊かになって見える。

〔『クリスチャン人生　瞑想録』p.268 ～ 269〕

〔12〕

▼内面が整えられていない人の外面の整装は、かえって嫌みに見える。

第四章　読書の効能

序　厳選すべき読書

私の書斎の机の右端には、押し型模様の厚皮製の四角いペン皿があります。その中に、もう四十年以上になる一枚の短冊が入っています。茶色地に白抜き文字で、「良書を読むための条件は、悪書を読まぬことである。人生は短く、時間と力には限りがあるからである」と書いてあります。これは十九世紀のドイツの哲学者ショウペンハウエルが言った言葉です。

なぜ私が長年、座右にこの警句を置いているかというと、読書に関して、常にこの短言を思い起こすようにして、読書の姿勢を崩さないように慎んでいるからです。

この警句が示すことは真実であり、傾聴するだけの価値があります。人生で読める活字の数は限られています。ない時間を有効に使うためには、読書においても、悪書を読まないようにし、良書に親しむようにすることは肝要です。

書籍がその本を読む人の人格に与える影響は、決して少なくありません。人の品性は、その読む書物によって多くを養われます。良書は、その人の品格を高めるのに価高《あたいたか》い滋養を与えてくれます。しかし、悪書を避けずにいつまでも親しんでいれば、その悪書は、その人の品性を卑しいものへと導くことに力を貸します。「本は厳選して読むべし」、これは常に心しておくべき教訓でしょう。

一節　悪書を離れ良書に親しむ

1　良書に出会う

▼人生におけるいろいろな出会いは、生涯の生き方をどんなものにするかを決定づけ人生を歩んで行く、大きな要素となる。すなわち、誰に出会ったのか、何に出会ったのか、どのような環境に置かれていたかなどである。特に誰に出会ってどのような指導を受けたか、どんな職業に就くことになったか、どのような試練の中を通されたかは、生き方を大きく決定づける端緒となる。

それらの中でも、最も大きな影響を与える出会いは、何といっても書籍であろう。どんな本にどこで出会い、その出会いによって自分の進むべき方向と行くべき道が決まった、ということは、多くの賢人が経験している。

▼私の生涯の読書の出会いの中で最大のものは、二十二歳の時に日比谷図書館でカール・ヒルティの

『幸福論』に出会い、その影響で聖書を買い求め、精読を始めたことである。それ以来半世紀以上にわたって、聖書は私の人生の指針となり、我が行く道を照らす灯火となっている。

▼出会いはその人の人生を決める。書籍においてもそうである。良書に出会い、精神的感化を受け、進むべき方向を決定し、果敢な勇気を与えられることは、明るい人生を保証する。

私にとって、多くの良書の連続が今日の私をあらしめていることは、感謝この上ない。

2 良書を読む

▼良き師が世にいないというわけではない。しかし、この良き師に出会うという機会が少ないことも確かである。それならば、良き師を得るためにはどうしたらよいのであろうか。その一策としてあるのが、良書に巡り逢うことである。良書に出会えば、生き方さえ変わる。良書に出会えるように心して努めることは、有益な宝物の授与を約束してくれる。

▼良書を読むことに心遣いすることは、悪書を読まぬように気遣うよりも何倍も貴い。なぜなら、人生で読める文字の数は決まっているからである。

▼一生の間に読める活字の量は決まっている。誰もそれほどの差があるわけではない。だとしたなら

ば、できるだけ良書を読むことに心掛けたほうがよい。どうでもよいような書、あるいは悪書であったなら、短い自分の生涯の思想、行動を豊かに高めるためには何の役にも立たず、時間の無駄使いとなってしまう。〔コラム13〕

▼読書の楽しみは、「かつて、そこで」を「今、ここで」に変換できるところにある。その著者が叙述している主張や情報を、現在の自分に適用して、自分の知識を整理したり、現在行っていることに応用できることは、読書が与えてくれる貴重な力であり楽しみである。この効果と楽しみの実行を提供

〔コラム13〕

◆読書で知恵を得る

人によって読書は、楽しみや暇つぶしにすることがある。それも本の読み方の一つである。しかし、自分が体験し得なかった事柄や考えなかった課題を、先賢・哲人がまとめた知恵が詰まっている良書であるならば、そこから何かを学び取りたい。

一生に読める書籍の冊数は決まっている。短い人生であるならば、良書を多く読んで、少しでも自分の生き方に取り入れ、思想と行動を豊かにしたい。

自分で思考を巡らすことは多くするが、先人の学問や著述は学ばないという者は、これまた独断に陥る可能性が高く、偏見に至って危険である。自分なりの考えを確立しようとする者にとって、良書を多読することは、欠いてはならないことの一つである。

〔『満たされた生涯』p.292～293〕

できない書籍であったなら、知力体力を浪費するだけなので、読まないほうが良い。

▼新聞や雑誌に載っている多くの事柄が重要でないとは言わない。しかし、人生にとって真に重要なことは、人目につかないような隠れた場所にひっそりと構えていることも確かである。私の経験から言うと、もの言わずに静かに存在している主張の在処《ありか》として、教養人個人の書棚とか、公立図書館が例として挙げられる。

二節　効果的に読書する

1　読書から力を得る

▼どんなに頼りになると言っても、自分の経験の幅は狭く、量も少ない。これを補うのが、読書であり、賢人の体験から得る自らの学習である。これを吸収して積み上げた者は、己《おのれ》の未熟さを補って、他からの知恵を自己の確立のために活かすことができる。

▼人がより良く生きようとするならば、読書することは大切である。先人がある課題のために悩み思索し、体験して得た知識や知恵が、文言という形になったものが書物である。書物は、読者に歴史と地

域の時空を超えて、偉人、哲人、賢人、聖人と言われる人たちと会話することを可能にさせる。そして読者に反省を迫り、叱責を与えて正し、自制を促し、勇気を与えて励まし、苦難に耐えさせ、また行くべき方向の行動へと導く。ここに読書が、他が与えることのできない効能と楽しみがある。〔コラム14〕

〔コラム 14〕

◆読書の大切さ

読書は、「よく生きる」ための知恵の宝庫であると言ってよい。書物は読者に、人類が蓄積してきた知識を教えるだけでなく、読者の過去と現在の状況を知らせ、未来を見通すことを助ける。時には新しい考え方を教え、また、全く新しい世界を見させてくれる。読者に反省させ、叱責し、自制を促し、勇気を与え、行動に導き、苦難に耐えさせる。

書物は、距離という空間を超え、歴史という時間を超えて、賢人、偉人、聖人といわれる先達と会話することを、読者に可能とさせてくれる。また、そこに他のものが与え得ない読書の楽しみというものがある。

人間がただの生物として生まれて死ぬだけであるならば、書籍など読む必要はない。しかし、人としてより良く生きようとするならば、先人が賢く生きようとして、悩み、思索し、体験して残した知識のかたまり、すなわち人類の知恵の宝庫である書物を、読まずに人生を終わらせることは、地上に生を受けた自分にとって、大きな損失である。　〔『満たされた生涯』p.151 ～ 152〕

〔コラム 15〕

◆人物の見極め法

その人がどんな人物かを見極めるには、その人の愛読書とか趣味を尋ねるのがよい。さらに、根本的に知ろうとするならば、生涯の努力目標を何に置いているのかを問うのがよい。その人の人柄は、その人の生涯の努力目標に明確に表れる。

（中略）学者、芸術家、政治家、事業家などの何かになって、世の人々に貢献することは尊い。しかし、この地上のそれだけで終わってはならない。「たとい人が全世界をもうけても、自分の命を損したら、何の得になろうか」（マタイによる福音書 16 章 26 節）。各自は、自分の生涯の目標を何においているのか、どこに到達するために日々努力を重ねているのか、再吟味してみる必要がある。

〔『クリスチャン人生　瞑想録』 p.128 ～ 129〕

▼多種類の書物の多読よりも、限られた良書の精読と思索のほうが、精神を涵養する上ではよい。多くの人の浅い意見で、自分の目標が定まらなくなるよりは、真理に基づいた深い思想によって、確信を持って進むほうが、多大な効果を期待できるからである。

▼自分の生涯の目標をどこに置いているかを聞けば、その人がどんな人物であるかを知ることができる。このことは読書についても言える。現在どんな本を読んでいるか、今までにどんな本を読んできたかが、その人物を作るからである。〔コラム15〕

2　より効果的に読む

▼その書物に隠されている深い知恵を知りたいと願うならば、書かれている文章を書き写すのがよい。筆写は黙読とは雲泥の差の知識・知恵を与えてくれる。筆写がよい理由は、書き写す時にその意味は何かを考え、字間・行間から、書かれていないことさえ読み取れるようになるからである。また筆写すると記憶に深く残るので、他の場面で問題にぶつかった時に、その言葉が突如と出てきて、その意味を知らせてくれたり、対処のための大きな力を与えてくれることになる。

▼聖書を除いて、どんな偉人が書いた書物であろうとも、全幅の信頼を置いて信奉するかのようにしてはならない。有限である人間が思考して著述したものには、どこかに偏りや誤りがあり、神的領域の至高に達していないものである。その著者が生きた環境や文化文明の発展度合いの影響という制限が、どうしても付いてくる。それればかりか、書中の内容を盲信してしまったならば、それ以上の進歩も発展もなくなってしまう。

▼知識を広める原則は、「本物に接する」ことである。ダイジェスト版や解説書では、要約した著者の思想や主張が入っており、必ずしも原著者の言っている真意に一致しているとは限らない。揺るがない基礎を造り、応用力さえ身に着けたいと願うならば、翻訳物でもよいから、原著作書によって学習するのがよい。〔コラム16〕

〔コラム 16〕

◆本物に接する

私が自己の能力を開発する上で、原則としたことがある。それは、原書、原典とは言わないまでも、日本語訳であってもよいから、原著者が実際に書いた本物を使い、原点から基本をしっかり学ぶことであった。

世の中には、論理を短縮・省略して、結論部分を集めたダイジェスト版や、複雑で抽象的な思想を、使い慣れた言葉に言い替えた解説書が多くある。これらは、分かったつもりにはさせる。しかし、著者の言わんとしていることを把握できているか、疑問である。少なくともダイジェストにしたり、解説した人の思想や解釈が入っていることは否めない。

そこで私はこれらに頼らず、経営学とか古典文学、哲学、物性物理学、組織神学など、原点に帰って著者自身が書いた本物を学び、基本を身につけることを原則とした。

本物を学ぶことは、労多くして遠回りのようであるが、本物を深く知ることによって、揺るがない基礎ができたり、それを元にして、他を比較・評価したり、応用力を高めることができる。〔『満たされた生涯』p.531 ～ 532〕

3　よい読み方をする

▼読書することでの肝要点がいくつかある。

①良書を多く読むために、悪書を読まない。

②良書は字面《じづら》を読むのでなく、心で精読する。読み直しの再読、三読があってもよい。
③著者の主張が必ずしも正しいとは限らない。それゆえに、批判眼をもって読む。
④仕事に関する専門書だけに限定せず、幅広い分野の書籍に触れて、教養を高める。
⑤読んで得た知識は、自分の生活や仕事に実践し、応用する。

▼読書することを自分の人生に活かすポイントは、読んだらその内容を吟味し、考えることである。考えて自分なりに解釈し、同調するなり追加するなり削除することである。そしてそれを吸収し、自分の思想の補強材料または自分の精神の向上滋養とすることである。

読書して考えないのは、食事をして消化せずに排泄するだけに等しい。労力だけ使って、自分には何も残らない。

▼仕事には、「仕事の種類を替えることによって、必要な休息と同じくらい元気が回復する」という原則がある。私は読書をするにも、一日に何種類かの毛色の違ったものを組み合わせて読む。例えば、聖書解釈学→人生論→仕事の仕方→数種類の旧約聖書→同じ個所の数種類の注解書→経済学書→神学論書→新約聖書→関連注解書。このようにすると、長時間にわたって疲れにくいし、集中力が途切れない。また無駄で余計なことをする暇がない。

4 読書を行動に結びつける

▼もし、本を読むことや学習することばかりして、行うことをしなかったら、どういうことになるだろうか。得た知識が断片的で繋がりがないばかりでなく、その知識の深みも読み取れない。その知識の真の力を活かせない。

この逆に、行うことばかりをして、読書・学習を怠った場合は、どういうことになるだろうか。その行いは効率の悪い行動で、徒労を強いることになる。またもっと価値の高い活動に移れるのに、進歩が妨げられるということになる。学びと行動は並行して対で行うことによってこそ、どちらにも効果を得ることができる。

▼「多読必ずしも効あらず」である。肝要なことは、知恵の詰まった良書を精読して、これを実行することである。知恵は知ることに価値があるのではない。生活や仕事に適用して、活かすことに価値がある。暇つぶしするほど人生は長くない。

▼若輩で知識も経験もない私は、ビジネス書を多読し、それを適用実行した。その結果は、会社を成長させ、人々にヤル気を起こさせ、多方面で高い成績を上げることができた。このように、書物にも有効な知恵が多く詰め込まれている。生活においても仕事においても、読書することで重要なことは、その知恵を学習するだけに終わらせず、読書で得たことを必ず的確に応用実施することである。

三節　ザ・ブックを読む

1　本の中の本を読む

▼世には必読の書と呼ばれる書物が多々ある。その中でも、必読の書中の必読の書と言ったら、何といってもｒ「ザ・ブック」と称される聖書であろう。

聖書を読まずしてこの人生を去って行くとしたならば、人が生きている間に提供されていて、かつそれを受けることが許されている最高の喜びを得ることなく、去って行くことになる、と評して間違いない。

▼世に良書と称される書籍が多々ある。その良書として挙げられる本の特徴は、そのほとんどが聖書に関連したことが記述されていることである。あるいは、聖書の記述内容から採られていることである。そして、その良書に少しの欠点があるとするならば、聖書に書かれている内容に何も言及していないことである。

▼人生においても仕事においても、多くの場合に自分を導き教えてくれる座右の書を持つことは、重要である。座右の書は人によって異なる。私は常に聖書を机の膝右に置いている。

〔コラム 17〕

◆終わりのない聖書の深さ

内面生活を豊かにする活動の一つとして、聖書を読むことを勧める。

私は、聖書を青年時代の初期から読み始め、必要に応じて神学書、講解書、歴史書、説教集などを併読して、55 年を超えて読み続けてきた。それでも聖書は深く高いために、読むたびに新しいことを示され、発見する事柄がある。読了の到達点はいまだ見えない。

20 代、30 代、40 代、50 代、60 代、70 代と、間断なく読み続けても、仕事、家庭、奉仕、学術などの各分野に対し、その時その時に教えられ、助けられ、促され、反省させられる。聖書は実に内容が深く、高く、広く、長くて、知恵の宇宙を彷徨っている感じにさえさせられる。

私のこの後に続く年々も、知恵の書であり、主からの私への愛の書簡である聖書を、命の続く限り、80 代、90 代と読み耽っていくことであろう。　〔『快老をいく』p.73 ～ 74〕

▼多読してきた老年になると、いままで知らなかったような事柄を、書物中に発見することが少なくなる。どの本も、すでに形成した知識の繰り返しか、別の言い方での表現というものが多くなる。これを称して、古来の書の著者は次のように言ったのであろうか。「知者の言葉は突き棒のようである。……わが子よ、これ以外の事にも心を用いよ。多くの書を作れば際限がない。多く学べばからだが疲れる」、「空の空、いっさいは空である」(伝道の書12章11～12、8節)。

ところが聖書を通しての神との熱烈な交わりは、汲めども尽きせぬ豊かな生命を提供してくれる。

〔コラム17〕

2　聖書を正しく読む

▼悟りといわれるような真実な知恵や力強い行動力は、長文の中というよりも、片言隻句にあることが多い。語録とか格言、ことわざや金言などといわれるものの中にである。

中でも生きるための光る知恵や奥深い真理は、聖書に満載されているといってよい。ただし、その読み方によって、影響を受ける度合が異なる読み方が三段階ある。

①初期段階は、箴言などを傍観者的に読んでいた時期に、処世訓のように示される読み方である。

②次の段階は、登場人物との関係ができて、自分も場面の仲間に加わってはいるが、自分は間接的にその話を聞いていたり、あるいは仲間に語られている言葉であるとして受け取る読み方である。

③第三段階目の読み方は、その言葉が直接的に、一対一で自分自身に語られている言葉として受け取り、応答する読み方である。

例えば、「われは全能の神なり。汝、わが前に歩みて全かれよ」（創世記17章1節、文語訳）と、信仰の父祖アブラハムに語られた神からの言葉も、上記①、②、③のどの読み方もできる。姿勢を正され、最も深く自分の霊魂に突き刺さり、生き方の変更が迫られる読み方は、③の読み方である。

〔コラム 18〕

◆愛されていることを読み取る

聖書を読む上で重要なことは、何を戒めているかとか何を教えようとしているかを知ることではない。主が自分をどれほど多大に愛してくださっているかを知ることである。そして、どのようにして聖なる主に近づくことを求めておられるかを、読み取ることである。

したがって、聖書を精読し熟読して、隅から隅まで全部諳《そら》んじた人があるとしても、もしその人が、主が自分をどれほど深く愛してくださっているかを読み取っていなければ、愛してくださっていることを知っていて、聖書の一行を暗記している者にさえ、劣ることになる。

始皇帝、アレキサンダー大王、ナポレオンと、多くの英雄が、栄華に満ちた帝国を築いた。しかし、崩れ去ることのない帝国を築いた者は、歴史上まだ一人もいない。しかし、イエス・キリストだけが、武器を用いずに、愛という基盤の上に、決して崩れることのない、永遠の大帝国を築き上げられた。

愛はそれほど強く、永遠的なものである。この主の愛を知らずしては、人は生きたことにはならない。そして愛される者は、愛してくださる方の求めを満たそうとして、生涯を通して自らの心身を整えようとする。　〔『満たされた生涯』p.375 ～ 376〕

▼聖書を読む意義は、尊い戒めや自分のためになる教訓を知らされることではない。これらは確かに与えられる。しかし、聖書を熟読する意義は、主が自分をどれほど深く愛してくださっているかを知る

ことである。〔コラム18〕

四節　著作するための心身を整える

1　著作の心構えを整える

▼私は『満たされた生涯』という自叙伝を書いた。これは自己宣伝したり自分を誇示したりするためではない。主が私の生涯の各場面における生活を通して、いろいろな恵みを豊かに与えてくださり、すべてのことにおいて満ち足らせてくださった。そして、使命として為すべき一つひとつの多くの業に対して、力に富ませてくださった（コリント人への第二の手紙9章8節参照）。このことを自分の中にしまって黙っているのではなく、主の栄光を現す一端として、人々に証《あか》ししなさいと、主から命じられたからである。

▼最近、自分史を書くことが薦められるようになった。どうせ書くなら、自分の満足に終わらせるためではなく、読んだ人々に人生の道案内を与えたり、励ましや希望や忍耐を提供するものでありたい。目的が定まれば、書く題材や項目、内容、順序、書式なども自ずと決まってくる。

▼文言でも仕事でも、他人を感動させようとするなら、まずそれによって自らが感動するようなものでなければならない。自分の魂さえ揺り動かさない作品が、どうして他人の魂を揺り動かすことができようか。

2　著作のために生活を整える

▼キリスト教良書を著すために必要な生活上の要点は、次のとおりである。
①聖日礼拝を厳守し、教会活動の中で具体的な何らかの責務を負うこと。
②個人の内的生活において、聖潔を保つこと。
③健康に留意し、人々と相和し、常に心身を爽快に保つこと。
④多くの人と接し、幅広く多読し、実践的な活動をすること。
⑤神学をする三段階である①祈り→②黙想→③確認試験を取り入れること。
〔村松克己「神学とは何か」『教義学講座Ⅰ、教義学要綱』（日本基督教団出版局、一九七〇年）、四二頁参考〕

▼世の中には不思議な現象が起きている。能力のある人ほど単純なことを複雑に説明する。もっと能力ある人は複雑な事柄を単純に説明する。複雑に説明する人は、本当はよく分かっていないからである。単純に説明する人は、よく理解しているので、本質だけを簡潔に明示する。

第五章　幸せな結婚

序　愛が基礎である結婚

ある新聞記事を読んでいて、結婚について考えさせられたことがあります。その相談ごとは次のようなものでした。

「契約結婚をして、家事を仕事として報酬をもらい、その後私たちは恋愛感情が芽生え、正式に結婚しました。ところが妻となった女性の私は、前と同じ家事をしているのに無報酬となり、何かすっきりせず、もやもやしながら家庭生活を送っています。」

このような悩みごと相談に関して、どのように理解し、どのように回答したらよろしいでしょうか。

私は次のように考えました。契約結婚のベースにあるのは損得です。ところが正式な結婚生活のベースにあるのは、犠牲をも厭わない愛です。この違いがあることを、この女性は気が付いておらず、まだ真の結婚生活に入っていないな、と思わされました。

契約結婚は、契約の範囲内での仕事と報酬があることであり、契約が両者の間で破られれば、どちらかが損を被ることになるので、契約は解消されることになります。ところが、愛は、自分の損得を顧みることなく、たとえ自分に損害が発生しようとも、相手が喜んでくれ、相手のためになるならば、そのことや方法を自分の意志で選び取って、相手にしてあげるというものです。本当の結婚生活というのは、損得によってではなく、献身的な愛によって成り立つものでしょう（エペソ人への手紙5章24～25、31～32節参照）。どのような知恵に基づいて結婚生活を送っていくならば、二人の結婚が成功し、幸福を摑むことができるのか、その秘訣を知っておくことは大切なことだと思います。

一節　伴侶授与に備える

1　恋愛を謳歌する

▼恋の味は甘酸っぱい。恋する相手がそばにいる時には心が高鳴り、会話は甘い。離れては心が騒ぎ、思いが通じない苦しみに胸が痛く締め付けられる。

それでも数年後になれば、その恋は、何にも代え難い想い出に変わり、人生の財産となる。それが失恋であったとしても、成功した恋愛であったとしてもである。

▼外貌の良さは女性の武器である。時にはこちらを愉しませてくれる。だが、外見に惹かれて性急に結

婚したがために、あとで痛い目に遭った男性が少なからずいることも、忘れてはならない。

▼恋愛と結婚愛は質的に異なる。恋愛が熱烈であるからといって、結婚の幸せを保証するものではない。恋愛は、好きとか嫌いという感情から自然人的に発生した男女愛（エロース）である。これに対して結婚愛は、夫婦の間で互いに認め合い、補い合い、献げ合うところの、理性の働きに意識された人格愛（疑似アガペー）である。

何よりも恋愛と結婚愛の二つの愛での大きな違いは、二人の活動において、恋愛は見詰め合うところに喜びがあるが、結婚愛は同じ方向に目を注ぐことに、二人の喜びと平安があることである。〔コラム19〕

2　伴侶が与えられるように祈る

▼私が家庭を持つことを考える年齢になって、良き伴侶を与えてくださるようにと、主に祈った。すると主は私に、「まず神の国と神の義とを求めなさい。そうすれば、これらのものは、すべて添えて与えられるであろう」（マタイによる福音書6章33節）と言われた。そこで私は、まず神の国と神の義とを求めるようにした。待っていると五年後に良き伴侶を与えてくださった。

私はそれ以来、何事においても、「まず神の国と神の義とを求める」ようにした。結果は私の人生で、すべての事柄が良きこととして生起するようになった。

〔コラム 19〕

◆恋愛から夫婦愛へ

結婚における夫婦愛と、恋愛における男女愛とは質的に異なる。また、恋愛が熱烈だからと言って、結婚がそれに比例して成功するとの保証はない。恋愛から結婚に至る場合には、結婚に踏み切るための２人の間の愛を、質的に変換させる必要がある、好きとか嫌いという段階の自然発生的な愛から、理性と感性とによって意識的に献げ合うという、高度な愛に成長させる必要がある。この愛の質的な変換が達成できないと、恋愛から結婚へと成功に導くことはできない。

恋愛は美しい憧れ、自分の欠乏への満たしの渇きといった、自分中心に発生した熱情が源になっている。しかし、結婚における夫婦愛は、互いに認め合い、補い合い、「それでも愛する」という相手中心の犠牲的な愛が基盤となっている。

（中略）恋愛から幸福な家庭を作り出すためには、２人の間の愛も、また献身的な愛へと成長させていかなければならない。　〔『愛の完全』p.232 ～ 233〕

▼最良の伴侶を得る条件が三つある。一つは、「主よ、私に合わせてくださる人を与えてください」と祈り、自分も人的なＴＰＯ（時、場所、機会）を活用して求めることである。二つ目は、現れたならば、「この人なのですか」と主に問い、御言葉をもって答えをいただくことである。三つ目は、「主が合わせてくださった私の伴侶はこの人以外にない」と固く信じて歩み続けることである。

二節　伴侶として受け入れる

1　自分の半身を得る

▼主が万物を創造されたとき、すべてがはなはだよく、主は喜ばれた（創世記1章31節参照）。すべてが完全でよかったもののうち、ただ一つのことだけ「これはよくない」と喜ばれないことがあった。それは人がひとりでいることであった（同2章18節参照）。愛なる主が愛の応答者を必要として人を創られたように、主に似せて創った人間（同1章27節参照）に、その人間の日々の生活で応答し合うのにふさわしい相手がいなかったことである。

そこで主は、最初の人アダム自身の一部から女性エバを創造された。アダムは自分の生活の相互応答者が現れたことをたいへん喜んで、「これは私の骨の骨、肉の肉」と言って驚喜した（同2章23節参照）。

自分の身体の一部であるふたりが合わさって、初めて人は完全になる。伴侶というものは、ふたり合わさって初めて一体となり、人間として完全になる互いの相手である。このために結婚はあり、主は祝福の原点として結婚を定められた。

▼結婚に関する教えの冒頭に、「人は父母を離れ」（マタイによる福音書19章5節）とある。妻と結ばれる

ためにこれが最初に述べられているには、それなりの理由がある。結婚は、子どもがするものではなく、一個人として成長した大人同士が結婚生活を造り上げていくものだからである。父母の影響から完全に離れ、独立して家庭を作り上げていくものだからである。

そのためには、三つの独立が必要である。①経済的独立と②精神的独立と③霊的独立である。①経済的独立をしていなければ両親の意見、意向に介入されやすい。そして次に、②多くの問題が起きてくる結婚生活において、父母から意見や提示を受けることなしに、夫婦だけで適切に対処していくためには、健全な価値観と強固な精神によって支えられた、二人の精神的独立が必要である。

③結婚生活は、献身し合い、敬い合いながら、人格の成長と愛をアガペー的にまで高めていく活動である。また、神を頂点とした二等辺三角形の関係を夫婦の間で保持しながら、長期にわたって進展させていく活動である。ゆえに両親をはじめ、二人の間には誰も入らせない霊的独立が必要である。この霊的独立によって、主に導かれつつ、二人は堅い愛の絆によって結ばれていくことになる。

2　価値観を同じにしていく

▼結婚の相手を選ぶことにおいて、「幸福と成功の秘訣」は何であろうか。それは価値観と人生観が似通っている相手を選ぶことである。年令、学歴、経済条件、体力、生まれ、育ちなどが似通っていることも有効であるが、それよりも価値観や人生観は、結婚を幸福なものにし成功させる上で、決定的な影響を与える。

二人の生活において、何に価値があり、どうすることがより尊いことなのか、そして生涯がどうあることを望み、どこを目指して結婚生活を続けていくのかといったことは、二人がどのような仕方で生活するのかを決定する。人生で起こってくるそれぞれの場面での諸問題を、どのように解決していくのか、その方法も異なってくる。

価値観と人生観が似かよっている夫婦の場合は、起きてくる課題の苦しみが苦しみでなくなり、喜びが何倍かに増幅された喜びになる。そのための基本となる一つの目安として、同じ信仰を持っているということは力になる。使徒パウロも、「（価値観、人生観が大いに異なるような）つり合わないくびきを共にするな」（コリント人への第二の手紙6章14節）と勧めている。〔コラム20〕

▼自分と全く同じ考え方、価値観、人生観であるという人はいない。自分と同じ性格と趣味と経歴という人はいない。結婚生活における夫婦であっても、自分と瓜二《うりふた》つであるという人が現れることはない。必ずいくらかの違いがある。少なくとも男と女の違いはある。

それでは、どれぐらいの差異が、結婚生活をしていく上で適切なのであろうか。それは「調和しながらやっていける限度内の相違」である。あまり似通っているよりも、調和できる範囲の相違があったほうが、人間的成長には効果がある。

いくらかの相違が夫婦間にあったほうが、常に新鮮でいられ、また人間的成長を促し合うことができる。知らなかった知識や情報の教え合い、違った見方や人への対応の仕方への驚きなどで、互いに刺激し合い、夫と妻の視野と生活範囲を広げることができる。

〔コラム 20〕

◆価値観・人生観の似た者同士

価値観や人生観は、毎日起こってくる問題の解決方法の基準をなすものであり、また自分たちの将来の人生設計の判断基準となるものである。したがって、これらに大きな違いがあると、2人の間でしばしば衝突が起こり、コミュニケーションが途絶え、夫婦一体どころか夫婦離反が起こってしまう。

価値観や人生観が似通っていることは、生活感覚に調和を生み出しやすく、年齢や学歴、経済的条件や体力等の多少の違いも、乗り越えることができる。

（中略）価値観や人生観が異なれば、人生の場面場面に起こってくる諸問題の解決の仕方は異なるであろう。買い物をするにしても、どれを買うか、どちらを買うかなども異なってくるであろう。こうして楽しいはずの結婚生活が牢獄のようになり、和合一致して愛し愛される者同士であるはずの2人が、反目し憎み合う者同士となってしまう。

（中略）結婚相手として選ぶには、似通った人生観や価値観を持ち、できることなら信じることにおいて共通したものを持っている人を選びたい。　〔『愛の完全』p.212 ～ 215〕

互いの相違が人間的成長に役立つようになるためには、前提条件がある。互いの違いをお互いが認め合い、受け入れ合い、尊重し合うことである。決して自分だけの基準や視点に凝り固まらないことである。〔コラム21〕

〔コラム21〕

◆夫婦間で相違してよいもの

夫婦の間で違ってよいものは、性格や趣味、職業などである。

どちらかが几帳面で、倒れている物も縦一線に揃えなければ落ち着かないというのに、他方は大雑把で小さいことにはこだわらず、外見よりも中身、というような性格の相違もあろう。また一方は洋風が好きで、クラシック音楽やアンティークな西洋物を好むのだが、他方は和風が自分に合い、漆器や琴・尺八の音に落ち着きを感じ、日本画を好むということもあろう。

性格や趣味、職業において、このような違いが夫婦にあったとしても、それは調整可能であり、衝突の原因にはならない。かえって違ったものの見方や人への対応の仕方を教え合い、新しい知識や考え方で、互いに刺激し合い、柔軟な思考方法や興味をもたらし、配偶者同士の視野と生活範囲を広げることに役立つ。

夫婦の釣り合いは、相違の中の調和、調和してやっていける限度内の相違があったほうが、毎日新しい発見に満ちて、常に新鮮な生活が送れる。

しかし、ここにも大切なことがある。これらの違いに対して、それぞれが互いの性格や趣味、職業などを認め合い、受け入れ合い、尊重し合うことである。そうしないで、自分のものだけを良しとして主張を曲げず、他を受け入れようとしなければ、ぶつかり合うだけで、自分の視点や関係範囲を広げ、よりスケールの大きな人間にお互いが成長し合っていくことはできない。

〔『愛の完全』p.217～219〕

〔コラム 22〕

◆その妻

主イエスの結婚についての御言葉（マタイによる福音書 19 章 4 〜 6 節）において、（中略）ここにもまた、注目すべき言語が付け加えられている。すなわち「その」である。なぜ単に「妻と結ばれ」であってはいけないのか。なぜ「その妻」でなければならないのか。

ここで意味する「その」は、他を排除し、彼固有の、それしかないと限定する「その」である。「その妻」は彼の妻であり、他の人の妻となるべき人ではない。彼固有の、彼だけに与えられた、別にはいない、彼自身の妻ということを意味している。すなわち、主によって彼に合わせられた、彼のためだけに備えられた、全世界の無数の女性の中から選ばれた、この世でただ 1 人の女性ということを意味している。

結婚で相手を見る時に重要なことは、「この人は、主が私に与えてくださった、たった 1 人しかいない、かけがえのない伴侶である」と受け取ることである。主が自分に与えてくださった人であると信じることである。自分にとって最善、最良な人を主が与えてくださった相手であり、これ以上の者はなく、ほかにはいないと信じることである。〔『愛の完全』p.153〕

3　主が合わせた伴侶と信じる

▼長い結婚生活を最高に幸福にする秘訣は、自分の伴侶を「神が私に与えてくださった唯一無二の存在」と信じ、そのように扱い続けることである。

▼結婚が幸せであるための条件は、基本的に二つある。それは結婚する当初と結婚後のことに適用される。すなわち、一つは、結婚を決意するときに、主が二人を合わせてくださったとの確信を、互いが持つことである。二つ目は、結婚生活に入ったならば、「神があわせられたものを、人は離してはならない」（マタイによる福音書19章6節）とあるように、離婚の「り」の字さえ頭に思い浮かべないほどに、「二人で幸福な家庭を作り上げるんだ」と、常に決意を新たにして、二人で努力することである。

▼「この人こそ主が私のために備え、私に与えてくださった伴侶」、「この者と寄り添って生涯を歩み通し、そして二人でわたしの許《もと》に来なさい」と、主が一緒にしてくださった伴侶、私には世界中のどこにもこの人のほかにはいない、かけがえのない愛すべき人。そのように信じて結婚生活を続ける者には、必ず主の豊かな祝福があり、家庭の幸いが与えられる。〔コラム22〕

三節　互いに支え合う

1　助け合い支え合う

▼肉体的にも精神的にもふたりが一体となる結婚生活には、どんな志向が続けられなければならないだろうか。その基本は、誰にも短所も長所もある。長所は認め敬い、短所には目をつむり、待ち、忍ぶ

ことである。

具体的には、いい点は尊敬し合い、励まし合ってさらに伸ばす。不足している点や過誤、行き違いは許し合う。それらが改善されるように、明日に向かって忍耐し合う。力不足のところは助け合い、発生した問題は祈り合う。将来に向かっては希望を持ち続け、決して諦めず、放棄せず、ふたりで力を尽くし、どこまでも望んで成就を待つ。これらの姿勢が結婚には必要である。〔コラム23〕

▼自らの生活において、快い変化を招き入れるいくつかの方法がある。その一つは「相手を裁いて突き離すのではなく、許し、そして共に歩むパートナーとして自分に受け入れる」ことである。これは友人関係や仕事の同僚に限らない。家庭にあっての夫婦についても言えることである。この方法が持つ効果は驚くほどであるので、この知恵を一度試してみるとよい。

2 協働者として支え合う

▼女性が男性のあばら骨から造られた（創世記2章22節）との意図は誉むべきかなである。その部分には生命を維持するハート（心臓）があって、あばら骨はこれを護り、女性は愛情の中心であるハートの最も近い所にいる。あばら骨は、足骨として踏まれて仕えず、また上にあって頭骨として支配せず、男性の中心部分に据えられて、同労者であることを意図されている。あばら骨があばら骨としての位置に戻り、そこに留まるときに、最も正常な使命を全うし、一体となって、自らも幸いを得る。〔コラム24〕

▼「前進あるのみ」の男の「助け手」（創世記2章18節）である女性に、求められる働きは何であろうか。それは「助け手」が意味しているように、時には助言者として、時には支援者として、また時に

〔コラム23〕

◆となるべきである

主イエスの結婚についての御言葉（マタイによる福音書19章4～6節）において、（中略）「となる」で終わらず、なぜ「なるべき」と「べき」がついているのであろうか。それは、結婚はふたりが結婚式を挙げさえすれば、後は放っておいても結婚生活は続けられるというものではないからである。結婚が成立し、堅固にされ、家族が加わって家庭が築かれ、夫婦が精神的にも肉体的にも一体であることを維持していくためには、そのようにしていくための努力が、どうしても2人の間に必要だからである。そのために2人が互いに関心を向け、協力し合っていくのでなければ、結婚生活が完成に向かうことはない。

一体になろうとしてもなれないのが、2人が別個人の人間であるからとの現実である。そうであるからこそ、2人が力を合わせて一体と「なるべき」なのである。すなわち、一体となるように努力し続けなければならない。

（中略）この努力を長年月にわたって協力し合っていくのが、結婚生活である。この努力を続けていくならば、幸福な結婚と堅固な家庭が与えられ、実現することになる。「ふたりは一体となるべきである」。この意味で、結婚は愛を土台として2人で築き上げていく、生涯の大事業である。　〔『愛の完全』p.163～164〕

は指導者として、男の横から、下から、上から、必要としている状況に臨機応変に対処して、助けの手を差し伸べる賢い女性としての働きである。〔コラム25〕

〔コラム24〕

◆男の愛の中心に生きる者

聖書によれば、女性は男性の肋骨から造られたとある。「主なる神は、人から取ったあばら骨でひとりの女を造り、人のところへ連れてこられた」（創世記2章22節）と書かれている。

これは、女は男のあばら骨で、無価値なものだと言っているのではなく、もっと深い意味がある。あばら骨は、人を形造る素材であって、もし素材の面から見れば、男は土のちりから造られた（同2章7節参照）が、女は、すでに主の息まで吹き込まれて霊的存在になっているもの（同節参照）から造られたものである。そのように見るならば、女のほうが男より価値がある。ここで目を向けるべきことは、どちらも主のご意志によって、主がお造りになったということである。女性が男性の胸以外の他の部位の骨から造られたのではなく、あばら骨から造られたという位置の面から、主の配慮と主のご意志とを知るべきである。

あばら骨は、胸部を形作り、命の源である心臓を護るものである。胸は愛情が宿るハートの中心である。この意味から、女性は男性の愛情の中心に位置するように作られたのである。男性の愛に包まれる関係の者として女性は造られた。

〔『天命に立つ』p.44～45〕

〔コラム25〕

◆助け手としての３つの役割

主が女性を造られた時に、その目的として次のように言われた。「人がひとりでいるのは良くない。彼のために、ふさわしい助け手を造ろう」（創世記２章18節）。ここで言われている男性の助け手としての女性について、男尊女卑の観点から見てはならない。この「助け手」は、女性が男性のあばら骨から造られた、男の生命線という意味において関係している。

ここで言われている「助け手」は、助手やアシスタントを意味しない。いわんやサーバントや補助者でもない。異なった役割を男性と分担する同労者（パートナー）を意味している。「助け手」には、次の３つの意味が含まれている。第１は、同胞としての援助者（アドバイザー）であり、第２は、企画・実行の支持者、激励者（サポーター、スポンサー）であり、第３は、助言を与える指導者（コンサルタント、コーチ）である。（中略）男は働きにおいては単純で、ただ１つの役割を果たせばよい。しかし、女には、同じ働きを進めていく上で、同労者としていくつもの役割が委ねられており、時と場所と場合に応じて、変幻自在に対応せねばならないという、難しい役柄が与えられている。このような役柄は、豪毅な男にはとても勤まらない。繊細な心情の持ち主だけがよくなしえる。また、このような女性の役割は、知性溢れた賢明な女性でないと、完全には果たし得ない。成熟した女性だけが、この役柄を負い得る。　〔『天命に立つ』p.46,48〕

▼主は、なぜ未熟者同士を結婚させせられるのであろうか。あるいは、なぜ一方が完成されている者を添

わせなさらないのであろうか。それは、成長する愛を完成させていくためには、そして互いの人格的な交わりを深めていくためには、愛においても希望においても、人格の完成度において同程度の相手が必要だからである。完成度が互いにかけ離れていたり、どちらかが立派に完成されていたのでは、深い交わりができないからである。また、成長を妨げられるからである。どちらもが不満を抱くようになってしまう。

両者が助け合いながら、同じ歩調で人間的完成に向かって結婚生活を続けていくときに、互いに愛し合うことによって、人は完成されていくことになる。

3　主に愛されている人と見る

▼結婚生活において、常に相手を新鮮に受け入れるコツがある。すなわち、慣れてしまうことなく、常に相手を驚きと許しのうちに、受け入れていく秘訣である。それは、「彼女（彼）も主から愛されている者の一人である」と再確認することである。彼女（彼）も、主によって創られたものの一人であり、主に愛され、主に尊重されているひとりなのだ、と確認し、気付き、受け止めることである。

主に愛されている人を、自分勝手に蔑《ないがし》ろに見たり取り扱ったりすることはできない。主が愛して赦しておられる人を、自分は許さないということはできない。主が愛している限りは、私も愛さざるを得ない。主が見守り、成長するのを忍耐をもって待っておられる人を、自分だけは待てないと、突き放すことはできない。

▼夫婦が互いにいつまでも魅力を感じ合い、新鮮さを保つ秘訣は、互いに相手に驚嘆と敬意を持ち続けることである。敬意の中心は、「この人も主に愛されている人なんだ」との尊い人格の認識であり、自分が持ち合わせていないものを持っていることへの敬愛である。驚嘆とは、自分と大きく異なる感じ方や抱く興味の違い、あるいは行動や判定の仕方の違いへの驚きである。

これらの目を持って伴侶を見詰めるとき、相手への興味が尽きず、絶えず新しい刺激に心を奪われる。

▼主に愛されている人として伴侶を見ると、新しい発見があり、驚きがあり、敬意が生まれてくる。自分とのあまりの違いへの驚きである。感じ方、応対の仕方、声の掛け方、判断の仕方、事件への判定などが異なり、その自分との差異の大きさへの驚きと興味、なぜとの問いと関心である。そして、そのようには自分にはとてもできないという自覚から、相手への敬愛が生まれてくる。

四節　互いに献げ合う

1　互いに賢く振る舞う

▼賢妻と言われるような人は、夫に後顧の憂いを抱かすことなく、仕事に打ち込めるようにさせる。男

が活き活きと活躍できるようにさせるのか、不安を持たせて集中できなくさせるのか、どちらも女房次第である。結婚するなら良妻のほうがよい。

▼性格の傾向性で見ると、どちらかといえば、男は理性的で女は感性的である。頭で捉えるかハートで捉えるかである。ゆえに、女性にすべてを知ってもらおうと、最後まで説明する男は愚か者である。心に訴える別の方法で尽くすほうが、早く解決し、効果的である。

▼男性が最も活躍し、自分自身の人間性をも高められる条件の一つは、聡明にして成熟した女性と一生を共にすることである。女性が幸せになりたかったら、強くして誠実な男と結婚することである。

2　互いに尊敬し合う

▼熱烈な愛情は、人生を明るく豊かにし、尊敬といたわり合いは、幸せな結婚生活を約束する。

▼夫婦が幸せであることの基本は、互いが認め合うことができ、尊敬し合うことができることである。

それは、互いにそれぞれの個性と才能を認め、活動内容を認め、実績を認め、心遣いを認めることである。そして、相手の成したすばらしい成果を尊び、自分にはないものを持っていることを尊び、自分や隣人に対する相手の優しさを尊び、相手がそれらを誇ることをせず自慢しないことを敬うことである。
この認め合いと尊敬のし合いを二人の間に持っている夫婦は、幸福である。
▼夫婦の理想的な姿は、尊敬し合っていることである。尊敬するところまでいかないまでも、敬意を抱くことはできる。
敬意を抱くようになるためには、伴侶の短所には目をつぶり、長所に目を大きく開いて見ることである。批評する前に、やってくれる事に有り難いと思うことである。相手に要求する前に、すでにしてくれたことに感謝することである。容姿などの外面に目を向けるのではなく、心の内面に目を向けることである。

人間的な限界、すなわち体力的な弱さや年齢からくる美醜などの外面ばかりに目を向けていたら、敬意は出てこない。相手の気配りの細やかさや気遣いの純粋さ、身につけた品性の輝きや霊性面の美しさ、文句も言わずに耐えてくれること、多方面にわたって尽くしてくれる誠意、などの内面に自分の心が留まるようになると、自然に相手への敬意は生まれてくる。

3　互いに献身し合う

▼長年労苦を共にする結婚生活で交わされる愛は、次のようなものでありたい。「私は自分のすべてを与えてしまいたいほどにあなたを愛している。私はあなたのためならどんな代償も払い、どんな苦し

〔コラム 26〕

◆成熟した愛

結婚には、成熟した男女の愛が必要である。成熟した愛とは、誰かに対して強い関心を持ち、その関心を持った相手に自分を献げることができる能力である。結婚生活を支える力は、この成熟した愛である。この愛によって相手の必要を満たそうとし、そのために努力する。この純粋な関心は、その対象者に自分のすべてを与えたいと願い、自ら進んで自分自身を与える。

結婚をリードする愛の中身は、相互に関心を持つことと与えること、また互いに尊敬を抱き、信頼し合うことである。互いに献身し合い、それをお互いが誠実に受け止め、感謝することである。さらに、お互いに不完全であり、欠点を多く持っている者同士であることを認め、赦し合うことである。

〔『愛の完全』p.178〕

みも受けることを覚悟している。いやそのようにできるなら、それが私の喜びだ。私の犠牲と献身によって、あなたは是非幸福であって欲しい」。

聖書には、次のようにある。「夫たる者よ。キリストが教会を愛してそのためにご自身をささげられたように、妻を愛しなさい」（エペソ人への手紙5章25節）。〔コラム26〕

▼キリストは私たちのために、自らの益を一切顧みず、己れの身体を贖いの供物として献げてくださった。そればかりでなく、現在においては、私たち一人ひとりへ深い関心を払い、神の像《かたち》へ還るべく成

長を促し、導いてくださっている。この同じ態度を夫が妻にするならば、妻は夫を自らのかしらとして（エペソ人への手紙5章23節）、夫に仕え（同24節）、夫を敬う（同33節）であろう。すなわち、夫が妻へ完全な自己放棄をして全き献身をし、妻の霊的生活に深い関心を持って、成長に寄り添うならば、妻は夫に従うであろう。このようにするとき、夫と妻の愛は、エロース（性愛）からアガペー（神の無償の愛）へ変質し、ふたりの一体は進むことになる。そのようになる基盤は、キリストが自分にそのようにしてくださったことを、常に夫が自覚していることである。〔コラム27〕

〔コラム27〕

◆夫へのキリストの模範

キリストと教会の関係を指しているところの、「夫は妻のかしらである」（エペソ人への手紙5章23節）との奥義は、妻の側よりも夫の側にその重責を負わせる。その重責とは、キリストが教会になさったように、夫の妻への全き献身と完全な自己放棄、妻の霊的生活に関するあらゆるものへの深い関心と成長への責任である。

この重責の完遂は、夫の側に、キリストがまず自分にしてくださったことの認識と深い感謝があり、それゆえに、自分はキリストに服従し、御言葉に従っていくという信仰がなければ、これを達成することはできない。

このような信仰を持って、日々主に従う夫に対して、妻は夫を敬い、すべてのことにおいて夫に仕え、夫を自分のかしらとして戴くことに、幸いを見いだしていくことであろう。〔『愛の完全』p.207〕

▼結婚生活において、少々欠けていても十分に成り立つものがある。経済的自立とか肉体的ハンディキャップなどである。しかし、これなくしては、幸福な結婚生活は望めないという条件がある。それが、愛情と決意である。夫婦の間に、思いやって献げ合う愛がなかったり、「この結婚は二人で必ず成功させるのだ」との固い決意がない結婚は、数十年にわたる長年月の結婚生活を完成に導くことはできない。

五節　結婚愛を深める

1　固く愛し合う

▼結婚は、生涯の大事業である。しかも夫婦どちらか一方だけでなく、夫と妻のふたりで築き上げる大事業である。その事業は、愛を強固な基盤とし、助け合い、献身し合いの協力によってなし遂げられる事業である。なぜなら、自分たちの結婚生活を、幸福で天国を先取りしたような家庭をこの地上に造り上げるには、放っておいてもでき上がるというものではなく、ふたりの真摯な協力なくしては、成功に至らないからである。

▼「幸福と成功」という課題において、最も成就して欲しいと望む事柄の一つに、結婚生活がある。結

婚生活は、人がそこで生きる最も身近な場である。それだけに、そこには多くの仕事があり、解決していかねばならない課題がある。現実の社会や世界が縮少された場といってもよい。

そのような結婚生活に、何が幸福と成功をもたらす根本的な要素となるであろうか。それは毎日触れる衣・食・住といった具体的な事柄ではない。幸福と成功をもたらす根本的要素、それは家庭を構成する家族の間の愛である。特に、夫婦、親子といった構成員の間に繰り広げられるアガペー的な愛である。犠牲を厭わない、「私」を無にした献身的なアガペー愛だけが、結婚生活を幸福にし、完成させていくことができる。

▼苦労を共にする伴侶として相手を尊び、感謝する夫婦はすばらしい。しかし、もっとすばらしい夫婦がいる。それは苦労をではなく、喜びを真底分かち合い、喜びを共有することができる夫婦である。

2　まず自分から愛する

▼「天に宝を蓄えなさい」（マタイによる福音書6章20節）という御言葉は、夫婦にも言える。相手に注いだ愛は、相手の中に育って大きくなり、それが実となって自分に還ってくる。夫婦は共に、相手は自分の鏡であり、反映である。「多く蒔く者は多くを刈り取り、少なく蒔く者は少なく刈り取る」、これが家庭生活の原理である。〔コラム28〕

〔コラム28〕

◆自分の愛の反映

結婚は夫婦互いに成長させ合い、自分の献身が相手の心の中に実を結ぶものである。したがって、連れ添った伴侶の魂の中に、自分がどのように愛し、どのように献げたかが、最も真実な姿で表出され、最も完全な自己の像が、見いだされるものである。すなわち、自分を多く相手に献げた者は、それだけ多く伴侶の中に、自分の愛と献身を見いだすであろう。しかし、献げることが少なかった者は、それだけ少ししか、相手からの自分への愛を見いだすことができないであろう。

〔『愛の完全』p.201〕

▼夫たる私への師の言葉、「強引であってはならないよ。美しい花を見たいと思ったら、暖かい光と滋養の水を与え続けることだ。そして咲いてくるのを静かに待つとよい。早く見たいからといって、蕾を自分の手で無理に開いたら、咲く花も壊れて死んでしまう。」

▼愛は成長させることも壊すこともできる。愛はか弱いものであり、純粋で素直でもある。だから、愛をいつまでも保ち、さらに大きく成長させたいと願うなら、愛に直ちに反応することである。愛を示されたら、直ちに「うれしい！」とか、「ありがとう」と返すことである。言葉に出し、行動で示すことである。どんな小さなことであっても、見つけ出して反応すると、その愛はもっと大きくなり、増幅を繰り返す。

言わなくたって分かる、と決め込んで反応しなければ、愛はだんだん小さくなって、ついには萎《しぼ》んでしまう。示された愛に対して、直ちに感謝の気持ちや喜びをもって反応することは、結婚生活のどの時期にあっても重要なことであり、長年連れ添ったから不必要であるということはない。

3　主を第一に愛する

▼自分の身近にいて最も愛すべき者は誰か、それは自分の妻であることは言うまでもない。これは、誰もが分かっている。ところが現実は、結婚当初はそうであったかもしれないが、生活を長年続けていくうちに他のものを優先して愛してしまい、妻は第三、第五、……第十に愛する対象になってしまっていることが多い。

生涯にわたって、自分の妻を世的に第一に愛し続けていく秘訣がある。それは信仰の世界を含めて第二に愛することである。信仰的にまず第一に愛すべきお方を第一に愛し続けていく場合には、妻が世的に第二以下になることはない。まず第一に愛すべきは、主である。主を第一にして愛する者は、現実の世にあって、主の次に、常に妻を愛していくことができる。

▼生涯にわたる透徹した主の目によって二人が選び出され、結び合わされて、主の力強い守りで導かれている、と信じて結婚生活を続ける夫婦に対しては、どんな困難も悲嘆も、二人を引き離すことはできない。そして、どんな貧窮も試練も、二人を不幸に陥れることはできない。主が深く温かい配慮を

もって導いてくださっているからである。

六節　結婚を成熟させる

1　細事に率先して働く

▼結婚生活には、しなければならない細々《こまごま》とした仕事がたくさんある。大きなまとまった決断を迫られるような事柄もあれば、雑用と言われるほどのいろいろな日々の仕事が山とある。そうであるから、家庭内においても自ら率先して精力的に働き、快活にテキパキとこなしていく夫なり妻でないと、家庭はうまく治まらない。「勤勉は怠惰に勝る」ことは、家庭内では明確に現れる。喜んで仕事をしようとの意欲旺盛な夫婦ほど、結婚生活へ幸福を招き入れることができる。〔コラム29〕

▼伴侶に対する視点で、忘れてならない一つの原則がある。「恋愛中は両目を開けよ。結婚したら片目をつぶれ」、これである。この逆のことをして、結婚前にも結婚後にも失敗する者が多い。

▼夫婦円満の秘訣は、夫は片耳を塞ぎ、妻は片目をつぶることである。

2　一体となって完全になる

▼結婚に関する聖書の教えの基本語に、「ふたりの者は一体となるべきである」（マタイによる福音書19章5節）とある。この「ふたりの者」は何を意味しているのだろうか。一体は結婚した夫婦「ふたりの者」でなければならない。どんな者もふたりの間に入ってはいけないし、入れてもいけない。それが両親であっても、親戚や友人であってもである。子どもたちさえ入れてはならない。ましてや不倫や浮気の相手などというものは全く論外である。夫と妻の「ふたりの者」だけが、一体となるべきなのである。〔コラム30〕

〔コラム29〕

◆喜んで仕事をしようとする

結婚生活にはしなければならない仕事がたくさんあり、「雑用に追われる」というのが実情である。それなのに、家政を安定させる基礎となる社会的職業に集中して身を入れることができず、そのために収入を心配する日々が続き、また家事を分担することを嫌がるようでは、結婚は危機に瀕する。

自分の職業を天職と考え、精力的に働き、家庭にあっても雑事を率先して、しかも快活にこなしていく夫であり、妻でありたい。

〔『愛の完全』p.221〕

〔コラム30〕

◆ふたりの者

結婚に関する教えで、主キリストは次のように言われた。「ふたりの者は一体となるべきである」(マタイによる福音書19章5節)。「ふたりの者」と言われたのには理由がある。

結婚には家族があり、親戚があり、友人がある。しかし、あくまでも結婚はふたりの生活である。ふたりの結婚生活には、誰も足を踏み入れてはならないし、踏み入れさせてもならない。ふたりの生活はふたりだけの独立したものであり、そこには親も、子どもでさえも入ってきてはならないし、入らせてもならない。このような神聖なふたりの結婚という生活の中に、どんなものであれ、第三者が入ってはならない。

(中略)主は結婚に対して「ふたりの者」と言われたのであり、どんな第三者も入ってはならない。入らせてもならない。ふたりだけの世界がなければならないし、またふたりだけの世界を作り上げていくように、ふたりが努力しなければならない。「ふたりの者」とは、ふたりだけの、他を排除した深い愛の関係を意味している。

〔『愛の完全』p.157〜158〕

▼結婚生活において、ふたりの間に入れてはならない者を入れた結果、最も苦しむのは誰か。当人同士ではない。子どもたちである。ふたりの間のいがみ合いと暴力の埒外《らちがい》に置かれ、顧みられず、寂しく悲しい思いに潰されるのは、どうすることもできない弱い立場の子どもたちである。

「ふたりの者」とは、ふたりだけの、他を全く排除した、深い愛の関係のことである。

▼「助け手」（創世記2章18節）とは、アシスタントでもサーバントでもなく、パートナーを意味している。アダムの相互交流相手として、なぜ主ご自身や他の獣ではいけなかったのか。同等の人格を持つ人間であるエバでなければならなかったのか。主では聖く高すぎた。獣では低くすぎたからである。どんなに親から愛され育てられている幼児でも、同年齢の子どもがそばにいれば、親から離れていって、一緒になって喜々として遊ぶ。本能的に人格のレベルが分かっているからである。

それでは、アダムには同レベル人格を持った男のパートナーでは、なぜいけなかったのか。人間共通の特質を越えて、男には男の特質があり、女には女の特質がある。それぞれは、他性の特質を持っておらず、欠けがある。互いにその特質を出し合い補い合うことによって、人間として完全になる。また「生めよ、増えよ」（同1章28節）の神の御旨も満たし得るようになる。「それゆえに、……人はその妻と結ばれ、ふたりの者は一体となるべきである」（マタイによる福音書19章5節）と勧められている。

3　聖霊による一致を基本とする

▼結婚した夫と妻が、精神的にも肉体的にも一体となる秘訣は、「聖霊による一致を守り続ける」（エペソ人への手紙4章3節）ことである。

行き違いがあろうと、思いが伝わりにくかろうと、ふたりの間に聖霊の一致さえあるならば、忍び合い、献げ合い、柔和と寛容という平和な絆で結ばれて、幸福な家庭が実現される。〔コラム31〕

〔コラム31〕

◆聖霊による一致

エペソ人への手紙4章3節にあるように、結婚における夫婦の一体の究極は、「聖霊による一致」である。身体はどんなに離れていても、また人間的な限界のために、思いや努力とは裏腹に、愛の表現の行き違いがどんなにあろうとも、最も重要で大切な一致・一体は、聖霊による一致である。聖霊による一致を守り続けるようにふたりが努力するならば、そこには必ず愛をもって互いに忍び合い、平和のきずなで結ばれるようになる。

ふたりの間に聖霊による一致が守られるならば、忍び合いも平和のきずなも生まれてくる。夫婦がお互いに、できる限り謙虚であることも、柔和であることも、寛容を示すことも、これらのことは、聖霊による一致を守り続けるならば、後から添えられてついてくる。

〔『愛の完全』p.166～167〕

▼夫婦が何十年経っても幸せでいられるための御言葉三つ。

①「聖霊による一致を守り続けるように努めなさい」（エペソ人への手紙4章3節）。

②「愛をもって互いに忍びあい、平和のきずなで結ばれなさい」（同4章2～3節）。

③「あなたがたが（結婚に）召されたのは、一つの望みを目ざして召されたのだからである」（同4章4節参照）。

▼結婚に聖化があるとするならば、その結婚はどんな姿であろうか。主要点は聖霊の一致があることで

あろう。聖化された夫婦は、互いに献げ合って、祈り合い、そこに聖霊による一致が保たれているに違いない。彼らは聖霊の一致によって、一つの希望、一つの目標、一つの理想に向かって日々歩みを続ける。

▼結婚というふたりの営みにも、きよめはある。結婚のきよめによる完成に近づいた夫婦の間には、どんな状況が生み出され、出現するであろうか。

〔コラム 32〕

◆一体の完成へ

結婚することは、お互いの生涯を委ねることである。また、結婚することは、お互いのために生きることであり、お互いに献げ合うことである。さらに、結婚することは、身体と心と霊とが、それぞれ一つに結合することであり、一つ思いになることである。

一つの霊、一つの思いになったふたりは、召されたことに従い、一つの理想、一つの目標、一つの希望に向かって歩み続ける。「主は一つ、信仰は一つ、バプテスマは一つ」（エペソ人への手紙４章５節）とあるように、ふたりが聖霊による一致を守り続けるように努め、一つの御霊によって生きるようになったとき、彼らは結婚による「一体」を成就させる。うめき、苦しみ、一体になれない二体の男女の夫婦は、聖霊による一致によって一体となり、愛の完全によって、結婚によるきよめを完成させていただくことになる。

〔『愛の完全』p.208 ～ 209〕

結婚におけるきよめの完成も「愛の完全」であり、聖霊による一致（エペソ人への手紙4章3節参照）が生み出された状態である。聖霊による一致によって、一体がなされた夫婦の間には、一つの理想、一つの目標、一つの希望に向かって歩み続ける結婚生活があるであろう。

彼らはお互いのために生きる。彼らはお互いに自らを献げ合う。彼らはお互いに敬意を抱き合い、一つ思いになって、平和の絆で結ばれる。彼らは身体も心も霊も、それぞれが一つに結合して、一つになっている（同4章4節参照）。〔コラム32〕

七節　結婚からの幸せを得る

1　性で一体を表現する

▼夫婦の間で互いが相手への思いや優しさ、理解や信頼、赦しや敬意、同情や驚き、献身と奉仕といった真実な心情を伝える方法とは、どんな方法であろうか。言葉もプレゼントも旅行も、それなりのことを伝えてくれる豊かさを持っている。しかし、何と言っても純粋に、温かく、真心から伝えることができるのは、肉体的一体である。

そのために夫婦の肉体的一体は、主からの祝福の一つとして備えられているものである。〔コラム33〕

〔コラム 33〕

◆性愛を重んじる

結婚生活における性については、主イエスの教えの「ふたりの者は一体となるべきである」（マタイによる福音書 19 章 5 節）に示されている。このように、性そのものは主による創造の一部であり、性生活は、それ自体正しく従う者には、悪いことでも汚れたことでもなく、むしろ、心身とも一体となるよう努力するための一つの方法、および子孫を生み増やす方法として、主が祝福して与えてくださったものである。

肉体的な愛の表現は、自分の持つ、あるいは相手が持っている精神的な愛を伝達するものである。そればかりでなく、優しい精神的な愛は、肉体的な愛となって現れ、肉体的な愛をさらに豊かにし、高めるものである。

性的な愛の結び付きは、お互いが相手の要求に応じ、拒むことなく満たしてあげようとする思いやりの中にあって、お互いに一体感を覚え、満足感を与え合うものである。

精神的な愛も肉体的な愛も、それぞれが相互補完的なものであり、それぞれの豊かさがそれぞれを助け、相乗的に高め合っていくものである。そういうわけで、どちらが欠けても、他方を満足させることができないし、成長させることもできない。〔『愛の完全』p.181〕

▼その人に罪があるかないかの判定証拠に、性に対する態度が適用できる。罪のある者は、性を汚らわしいものと思う。罪のない者は、神が与えてくださった祝福の一部と取る。罪を犯したアダムたち

は、「自分たちの裸であることがわかったので、いちじくの葉をつづり合わせて腰に巻（き）」（創世記3章7節）、恥ずかしいものとして隠す。だが、罪を犯す前のアダムたちは、「ふたりとも裸であったが、恥ずかしいとは思わなかった」（同2章25節）。このように、罪の有無によって、性に対する態度に明確な差が出る。罪のない者は、「生めよ、ふえよ」（同1章28節）との性に関する御心の下にあって、伴侶を「これこそわたしの骨の骨、肉の肉」（同2章23節）と喜ぶ。〔コラム34〕

2　愛する報いを得る

▼夫婦の愛は、注いだだけ相手から返ってくる。多く注いだ者には多く、少なくしか注がなかった者には少なくしか返ってこない。夫婦の愛は、鏡の反映みたいなものである。相手から少なくしか返ってこなかったら、自分の注ぎが少なかったためだ、と自覚して間違いない。

家庭はこの地上の小天国なのだから、そこをより豊かで幸いな所としたいならば、自分の伴侶という第二の「天に、宝を蓄える」（マタイによる福音書6章20節）ことは、秘かな知恵である。

▼結婚とは不思議なもので、幸せ過ぎるような家庭であっても、誰も「そんなに幸せであってはいけない」と文句を言う人はいない。また、地獄のような冷たい家庭であっても、それを改善するように介入してくる人はいない。結婚におけるすべての事が、自己責任によってなされるものであって、ふたりの間だけで完結される。

自分たちの結婚生活が天国のようであるか、冷たい憎しみ合いの悲惨なものであるかは、ただにふたりの愛情と意欲にかかっている。夫と妻が互いに無理な自己主張を抑え、相手の必要を思いやる愛情と、「自分たちの結婚生活は絶対に成功させるのだ」というふたりの固い意欲にかかっている。この愛と決意のあるところには、幸福な家庭を神がプレゼントしてくださる。〔コラム35〕

〔コラム 34〕

◆性を汚らわしく思わない

罪を犯した者は、裸であることを恥じるようになる。性を汚らわしいもの、口にすべきでないものと考えるようになる。

はたして、性とはそういうものだろうか。性は、本来アダムとエバが罪を犯す前は、自分たちが裸であることを恥じなかったように、また主が人を男と女とに創造されたときに、彼らを祝福して、「生めよ、ふえよ、地に満ちよ、地を従わせよ」（創世記 1 章 27 ～ 28 節）と言われたように、汚れたものでも、恥ずべきものでもなかった。むしろ、主から与えられ祝福された神聖なものであった。

このように、罪のない者同士の男女は、性を汚らわしいものとは思わず、性を少しも恥じるものとは思わない。罪を持っていて、きよめられていないから、性を恥ずかしく思うのである。男女が崇高な愛によって和合し、一体となっているときには、性差を意識することなく、裸を恥ずかしいとも思わない。罪のない者にとっては、性は主の創造の一部なのであって、喜びのうちに、ごく自然に受け入れられるものである。

〔『天命に立つ』p.68 ～ 69〕

〔コラム35〕

◆幸福な家庭への決意

幸福な結婚生活は、ふたりで創り上げるものであり、他人の誰かが与えてくれるものではない。誰も運んできてはくれないし、介入して援助してくれるものでもない。だからふたりの結婚生活が、世界中どこを探してみても、これほどに幸福に満ちた家庭はないだろうと思うほどに幸いであっても、誰も「あなたがたの結婚は、そんなに幸福であってはいけない」と文句を言う人はいないし、逆に、ふたりの結婚生活がどんなに不幸であり、いがみ合い、反目し合い、地獄のように冷たく悲惨なものであっても、誰も助けの手を伸ばそうとはしないのが結婚なのである。

愛情深く幸福に満ちた家庭を創るのも、憎み合い冷酷で不幸な家庭を創るのも、ふたりの愛情と意欲にかかっている。神聖不可侵の結婚生活は、ふたりの愛情によって創るものである。「ふたりの結婚は、何としても成功させるのだ。どこまでも、幸福な家庭を築き上げるのだ」という強い決意と協力が常にある夫婦の間にのみ、この世ながらにして天国を味わえる家庭が約束されている。

〔『愛の完全』p.165～166〕

3　熟年夫婦を喜ぶ

▼結婚することの良いところは、当初の青年時代には喧嘩し合っても、壮年時代になると、二人で語り合える共通の想い出を作っていくことができることである。さらに良いことは、老年時代にはその想

い出を、二人でしみじみと語り合うことができることである。ここにどこにも見いだすことのできない夫婦の豊かさと暖かさがある。

▼夫婦が長年積み上げてきた二人の想い出の素晴らしいところは、生涯の自分を知ってくれている人が側にいるという安心感が包んでくれることである。そして、これまでのことを語り合うごとに、労苦を共にしてくれた相手へのいとおしさを感じることである。

第六章　天国先取りの家庭

序　ホーム憲章の制定

私ども夫婦が結婚当初に定め、守ることに努めてきた「中島家ホーム憲章」なるものがあります。その中からいくつかを紹介します。

(1)私たちの結婚生活は、御国に着くまで二人で歩んでくるようにと、主から命じられたものであると信じる。
(2)衣・食・住、育児の実践は、両者で出来る部分を分担し、協働する。
(3)私たちはお互いに励まし合い、支え合い、共に成長し合うように助け合う。
(4)私たちの生活の時間も才能も財産も、それらを管理するように主から委託されたものと認め、できるだけ主の栄光と隣人のために用いるものとする。
(5)子どもは神からの貴重な賜りものであると認め、子どもを育て上げることは、主に献げるために委託されたものであると考える。

(6)家事・家政の大きなことについては、決して独断では決定せず、夫婦で、時には子どもたちも交えて話し合い、祈ってから決定する。
(7)レクリエーションや余暇の使い方は、できるだけ単独で行動せず、家族が揃って一緒に行動できるように計画し、楽しむ。
(8)私たちの家庭の平和と幸福の基は、礼拝や集会に一緒に出席することにあると認め、家にあっても祈りを共にする。

一節　幸福を家庭の基とする

1　天国を先取りする

▼家庭には、神の深い慈《いつく》しみと憐《あわ》れみの配慮によって、すばらしい祝福が与えられている。それが神の国の先取りであり、神の国実現の最小単位として、赦されていることである。家庭は天国が実現する予形であり、現実の小天国である。〔コラム36〕

▼家庭は、この世の天国にも地獄にもなり得る。地獄にするのは人間である。主は本来家庭を天国の雛形として造られた。神の国がこの世に実現するための最小単位として造られた。私たちは、家庭を苦

〔コラム36〕

◆家庭は愛の小世界

人は家庭を温床とし、そこにおいて夫婦は共に働き、学び、理解し合い、助け合う。子どもを産み、育て、訓練する。子どもたちは、その家庭の中で親の後ろ姿を見ながら、働くとはどういうことか、学ぶとはどういうことか、理解し合うとはどういうことか、補い合い助け合うとはどういうことかなど、生きることの基本的な事柄を学び、身に付けていく。子どもたちは、この家庭において社会生活の基礎を学び、次世代を担う人間として育てられていく。「家庭は、世界で最高の学校、ひとりの生徒にふたりの教師」という言葉さえある。

また、家庭は、この世にいながらにして、神の国が実現する最小単位として、主が与えられた小天国である。そこには、愛し合うことと責任ある行動が求められる。家庭は、この地上における天国の雛形であり、主がプレゼントしてくださった愛の小世界である。〔『愛の完全』p.150〕

悩の地獄にするのではなく、主の導きを受けつつ、天国の先取りの楽園を造り上げていきたい。

▼この世には多くの幸福がある。その中でも最上のものの一つに、結婚がある。だがそこから始まる結婚生活は、夫と妻が採る姿勢によって、そこを天国にも地獄にもすることができる。いがみ合い、ののしり合い、喧嘩ばかりしている夫婦の家庭は、二人にとってばかりでなく、そこに共に生活する子どもたちにとっても地獄である。これとは反対に、夫婦が互いに認め合い、助け合

い、捧げ合う家庭は、家族の誰にとっても居心地のいい空間であり、先取りした天国となる。まして、夫と妻が互いに認め合い尊敬し合っていたならば、その家庭は幸福の大海にあることそのものである。

2　家庭で幸福を生み出す

▼幸福を感じられる場は、あちらこちらにある。職場に、社会に、各種活動に、教会になどである。中でもこれらの幸福感を作り出す場の基礎をなし、基盤を提供するのは、家庭であると言ってよいであろう。家庭が平穏無事であり、夫婦仲が良く、そのような環境で子どもたちは安心してすくすく育つ。このような中に幸福は確実に醸し出される。

▼幸福は、まず家庭から生まれるものである。社会や団体から生まれるのではない。だから、幸福になりたかったら、まず初めに、家族の一人ひとりの間に幸福が生まれるように、自分から率先して努力し、負の要因を正の要因へ改善することから始めることだ。そうすると不思議なことに、さらなる幸福を、社会や団体がその家庭に加えてくれる。

▼夫であれ妻であれ、生活の基盤を聖書に置く家庭は祝される。その家庭の主人の神が導いてくださるからである。

3　忍び耐えて平安を生む

▼生活上で波を荒立たせずに、平安のうちに事を成功へと導く力に、忍と耐がある。忍も耐もその動機は愛であり、耐は自分に対してのこと、忍は隣人に対してのことである。耐とは「我慢して立つ」ことであり、忍は「こらえ、抑えて、待つ」ことである。この忍と耐が貫かれる夫婦や家族には平安があり、社会組織には成功がある。

▼私が上海に出て行って新会社を造り上げている時の、日本に残してきた我が家庭の温かさを慕っての実感。

「家族を離れ、ひとり海外勤務をすることは辛いことだ。深い望郷の念にかられる。しかし、その思いに少しでも捕らわれていては、立派な事業を成す企業戦士にはなれないぞ。」

▼家庭の平安は、家庭生活を開始した最初から来るものではない。悲喜や苦楽、愛憎といったものを幾星霜となく繰り返し、これを幾重にも積み上げたのちにやってくる。

だから、若年夫婦の家庭よりも、晩年夫婦の家庭のほうにこそ、物静かで平安な幸福が満ちている、というのは一般的な真理である。

二節　夫婦が愛し合う

1　協力して築く

▼平和で幸福な家庭を持ちたいと望む者が、それを得るための条件は、分別ある伴侶と結婚して、同じ方向を見詰めつつ、築く努力を怠らないことである。

▼幸いのうちに家庭を円満に進めていく秘訣は、男は「前に立ち」、女は「後に立つ」ことであり、これを確実になし、これをすることを認め合い、補い合うことである。

「前に立つ」ことは優劣を言っているのではなく、意識と責任においてである。すなわち愛することにおいて、奉仕することにおいて、生活をリードすることにおいて、保護することにおいて、夫は家庭の誰よりも先に率先して為すことである。

「後に立つ」とは、「助け手」としての任を確実に負って、前に立つ夫がその責任を確実に果たせるように、夫の能力と意欲を引き出し、応援し、支持し、解決策の相談に乗り、助言し、かつ夫が安心して出航できるように、経済的にもまた養育においても、家庭という母港を守ることである。

認め合うとは、お互いに負わされている領域の重責を認識し、そこから逃げず、また相手の領域を同意なく侵さないことである。

〔コラム37〕

◆夫婦の共存

夫と妻の働きは、画一的に固定されたものではない。「夫が前に立ち、妻が後に立つ」との考えは一般的に言えることであって、「夫と妻はこうしなければならない」という律法的なものではない。それぞれの家庭の状況や、夫や妻の個人的な特性や心情によって、この逆だってあり得るであろう。あるいはある期間だけ立場を交換して、夫は妻の一部の役割を果たし、妻が夫の一部の役割を担ってもよい。お互いの合意の上で、互いにその一部を負担するのは何ら差し支えない。

ただいずれにしても、一つの家庭を築いていくためには、夫婦がチームワークを作り、どちらかが前に立つ者であり、どちらかが後に立って守る者であることが、平和で確固とした家庭を築き上げて行くためには必要である。夫婦どちらもが前に立つ者であったり、どちらもが後に立つ者であったのでは、他の集合体ではともかく、こと家庭に関してはうまく立ち行かなくなる。

〔『愛の完全』p.196～197〕

補い合うとは、お互いがお互いの責任を果たせるように、欠けている部分を満たし合い、確実に実行していかれるように励まし合うことである。〔コラム37〕

▼人は、トム・ソーヤのように、たった一人では生きていかれない。生きる意味や生きる気力を失い、自らを死に向かわせる。他の人と接触し、他の人と協力し、他の人のために活動するときに、生きる

価値を見いだし、生き甲斐を感じ、生きる力を与えられる。他の人との交わりを通して、自らの学習を積み成長していく。家庭はこのためにある。

2　交わりの愛を豊かにする

▼幸せな家庭は、物財からくるものではない。何からくるか。愛からくる。夫婦の間の愛、親子の愛からやってくる。愛の交わりに満ちた家庭は、たとえ物財的に貧しくても、笑顔が絶えず温かく豊かである。〔コラム38〕

▼私として子どもの頃に毎日実体験したからこそ、心底言える言葉がある。「平穏であって、ひとかたまりの乾いたパンのあるのは、争いがあって、食物の豊かな家にまさる」（箴言17章1節）。

▼親から怒られた経験のないことは寂しいものである。真剣に怒られ痛い目に会わされた経験は、愛情の深さを思い出す（箴言13章24節参照）。

▼私は食事をするのが遅い。いつも三十分から四十分はかかる。食事が遅いのはデメリットがあるが、メリットも多々ある。食事が遅いメリットは、よく嚙んで食べるので、胃を壊したことがない。そして消化がよいのと、少量でも満腹感を感じるので、太ることもなく、健康が保たれる。何よりも前

〔コラム 38〕

◆家族の支え合い

事業倒産で父が失踪した状況の中にあっても、私たち５人の子どもたちは、兄弟喧嘩するわけでもなく、互いに助け合い、信頼し合って、貧窮の中に生活を続けた。なによりも、強度の近眼で盲目にも近い母が、磁石を使って、道路や広場に落ちている鉄屑拾いまでして食べさせてくれ、守ってくれる強い愛情に安心し、励まされた。

このことに関し、後で知った御言葉で、「まさにそうだ」と実感した。すなわち、「見よ、兄弟が和合して共におるのは、いかに麗しく楽しいことであろう」（詩篇 133 篇 1 節）。

貧困と愛情とを同時に体験した私が、今にして思うのだが、すべて偉大なものは複雑でも難解でもなく、どんな人でも分かるほどに単純で明確なものである。温和、忍耐、寛容、慈悲、正義、尊重、自由、義務、希望などは、一つの言葉で表現できる。その一つの言葉というのが「愛」である。愛さえあれば、これらのすべては含まれて、すべてのことは解決される。貧窮さえも、その苦しみを及ぼすことができない。これが「愛」という真実が持つ力である。〔『満たされた生涯』p.68 ～ 69〕

菜、主菜、デザートなど一つひとつを十分に味わいながら食べるので、どれを食べてもいつもおいしい。

さらには会話がはずむとますます遅くなってしまう。それでもコミュニケーションがとれるのと、知らないニュースを教えられたり、別の視点での見方を示されることは楽しい。

3　夫婦が深く愛し合う

▼子どもたちにとって幸せなのは、両親が愛し合っているのを見ることである。そこから安心を得、自分たちも両親から愛されていることを知る。

▼父親が自分の子どもたちにできる最も尊いことは、何であろうか。決して衣・食・住を整えるとか、良き教育を当てがうということではない。子どもたちにとってかけがえのない母親を誰よりも深く愛している、ということを見せることである。これを見て確信した子どもたちは、どれだけ安心して平安のうちに育っていくことができるかしれない。

▼素行の悪いできそこないの自分の親であっても、賢明な子は、「ああにはなるまい」と反面教師にして学ぶ。しかしそうは言っても、子にとってそれは辛いことである。できることなら模範的両親になっていてもらいたいものである。〔コラム39〕

▼家庭にあって、自分中心に考えるから不平・不満が出る。家族中心に考えれば、不満の種は取り除かれ、理解して受け入れることができ、愚痴も出なくなる。

▼私たち夫婦は、子どもの頃の自分の貧しかったことを威張りっこすることがある。勝負がつかないの

〔コラム 39〕

◆子は親を見て育つ

「三つ子の魂、百まで」と言うが、幼少時に躾けられた良い習慣は、年老いるまでなくなることはない。そして子どもは親の背中を見て育つものである。いちいち言ったり叱ったりして躾けなくても、親が自分で実行したり、努力したり、信念を持って行動していれば、それを毎日背後から見つめている子どもは、知らず知らずのうちに学び、それを自分の血とし肉として、身に付けていくものである。

また、良くも悪くも「子は親の鏡」であり、子を見れば親がどんな親であるか分かるものである。親がだらしなければ、子はそれを倣《ま》ねて育つ。しかし賢い子は、親の受け入れ難い行動を反面教師として、「ああはなるまい」と、自分の肥料にする子もある。

〔『満たされた生涯』p.55〕

で、たいていの場合、私のほうから止めるようにする。

この二人の貧しかったことに、二人とも感謝している。どちらかが、あるいは両方が豊かだったら、今のような、こんな幸福な結婚生活は送れなかったであろう、と思い合うからである。かつてのあの貧しさが、人間としてどんな時にも諦めることなく、正しく立とうとする二人を造ってきたのだった。

三節　豊かに家庭をまとめる

1　家計に配慮する

▼十八世紀のイギリスの大伝道者ジョン・ウェスレーが、金銭の取り扱い方として、次の三つを原則として挙げている。

①できるだけ儲けよ。

②できるだけ貯蓄せよ。

③できるだけ他の人に与えよ。

この三原則は、企業の経営においても個人の家庭生活についても、共通して言えることである。①と②は「出ずるを制し、入るを図れ」の言葉に要約できることである。③は経営では、保有利益を次の有益投資や社会還元にできるだけ向けることである。家庭生活に関しては、日常で節約しつつも、出すべき案件には思い切って出費・献金することである。

▼私は一日の日課をディボーション（個人礼拝）と庭の掃除で始める。枯葉やゴミの掃き掃除を基本とし、塵もないくらいにまでに掃き清める。ガーデンテーブルを雑巾で拭き、時には庭面に貼った石やタイルの汚れも拭き取る。それから植栽の木や草花に水をやる。このように家の内外をきれいにする

と、次第に身体が目覚めてきて動きやすくなり、心も清々しくなってきて、一日をスタートさせる元気が湧いてくる。

2　円満な知恵に従う

▼幸福な家庭を作るための守るべき原則がある。

①家庭にはせねばならない雑用が多い。それを、相手に多くを求めず、逆に率先して自分がする。
②できる範囲のことを行い、不足している箇所には目をつぶる。
③人には長所もあれば短所もある。趣味や興味も異なる。だから、長所に目を向けるようにし、褒めて励まし、短所についてはロに出さないか、自分が補う。
④趣味や興味には批評することなく、むしろ関心を示し尊重する。
⑤何十年経った夫婦であっても、人としての礼儀を互いに守り、無礼なことはしない、言わない。
⑥日常の挨拶を欠かさず、どんな些細なことにも「ありがとう」の言葉を忘れない。
⑦誕生日、結婚記念日、クリスマスなどの特別日を覚えておいて、何歳になっても、ささやかな心づくしを添えて喜び合い、「今後もよろしく」とお願いし合う。

▼海外旅行先の食事中のテーブルで、私たち夫婦は同行者から、「どうしてお二人はそんなに仲がいいのですか」と問われたことがある。その時の私の答えは、「主が与えてくださった、世界でたった一

人しかいない、私の半身ですからね」としておいた。

どうして仲がいいのだろうと、帰国後にじっくりと考えてみた。毎日のごく当たり前と思って普段の生活の中でしている私たちの事柄を、挙げてみることにした。

①できるだけ会話をするようにする。聞いた相手の意見に対して、批判や反論する前にまずは受け入れる。

②相手のしていることに関心を持ち、その重要性を認める。そして、その働きの貢献度に敬意を示し、励ます。

③何事にも、してくれることに感謝し、「ありがとう」と口に出し、喜びを態度で示す。

④日常生活で挨拶を欠かさない。すなわち、「おはようございます」、「行ってきます」、「ただいま」、「お帰りなさい」、「御苦労様でした」、「お風呂に入るよ」、「先に寝るよ」などである。

⑤家事を率先して行う。分担していることを思い、相手に何かしてくれることを要求しない。

⑥皆がテーブルに着いた後、声に出して感謝のお祈りをしてから、食事をいただく。

▼処世術として、「内言は出さず、外言は入れず」（『礼記』）ということがある。内のことであらぬことを想像されたり、外で起きている不要な乱れを持ち込まないようにするためである。家庭についても同じことが言える。家庭内で起こっていることを、世間の人に細部にわたって公表せず、仕事など外部で起きている問題を家庭内に持ち込んで、せっかくの平安に水を注《さ》すようなことをしないためである。

第七章　育児と指導

序　薫陶と訓戒で育てる

私は一つの方針を持って子どもたちの教育・指導に当たりました。愛情を持ちながらも、厳しく育てるということです。愛と厳しさは両立しないわけではありません。子を訓練するのが親として面倒だからと言って、子を放っておいて立派に育つわけはないと思ったからです。感情や自分の都合で怒鳴ったり叩いたりして育てるのではなく、主の導きを受けつつ、正しい道に沿って厳しく育てるのは、厳夫の愛であると確信していました。

聖書には、「むちと戒めは知恵を与える。わがままにさせた子は、その母に恥をもたらす」（箴言29章15節）とあります。「父たる者よ、子どもをおこらせないで、主の薫陶と訓戒とによって、彼らを育てなさい」（エペソ人への手紙6章4節）ともあります。

私は、この「薫陶」と「訓戒」を、それぞれ直接的鍛錬と間接的教導であると理解しました。そこで、頭脳的発達が不足している小学生までは、薫陶を主とし、理解力、判断力が付いた中学生以後は、訓戒を主にして、これを実行しました。すなわち、小学校を卒業するまでは、悪いことをしたときは厳しく叱り、中学生以上になってからは、説得を主としました。

一節　家庭を第一学校とする

1　生活の基礎を教える

▼世界で最高の学校はどこであろうか。ハーバード大学であろうか、東京大学であろうか。そのどちらでもない。家庭である。なぜなら一人の生徒に二人のベテランの教師が付いている。こんなに懇切丁寧に付きっ切りで育成、指導してくれるところは、世界広しと言えどもどこにもない。人はそこで生き方のすべての基礎を、人生経験の深い二人の教師から学ぶ。

▼家庭ほどすばらしい学校はこの世にない。子どもたちは家庭において社会生活の基礎を学び、次代を担う人間として、両親によって育てられていく。また、子どもたちは家庭にあって、生きることの基本的な事柄を学ぶ。親のしている後ろ姿を見ながら、働くこと、学ぶこととはどういうことなのか、理解し合い、補い合うとはどうすることなのか、これらのことを目の当たりにしつつ、自分の身に付けていく。

▼幼年期、少年期に、人は何を得ておくべきであろうか。純粋さ、汚れなき子どもらしさとしての純真無垢な無邪気さである。疑いを持たない人生への信頼である。これらは経済的に貧しいとか富んでいるとかには関係がなく、周囲の人々、特に両親の愛の降り注ぎによって育まれる。〔コラム40〕

2　躾を身に付けさせる

▼小善とは、自分としては確固とした信念を持たずに、相手が望むように相手に合わせてあげること。このような小善の愛情は、将来の相手を不幸に陥れる可能性が高い。これに対して、本当の愛は、相手がまだ自分では気付いていないかもしれないが、相手にとって現在最も必要とすることを、加え与える自分の辛さや痛みを抑えてでも、敢えて厳しく接して提供してあげることである。これを大善という。大善をもって我が子に躾を身に付けさせてあげたい。

▼一般的には「衣食足りて礼節を知る」であろう。すなわち、「日々の暮らしに事欠く者に礼儀を説いても、なかなか通じず、経済的に安定したならば道義も成り立つようになる」とはそのとおりであろう。しかし、これは政治や社会の人々の間のことである。

個人の躾のような場合には、こうとは限らない。どんなに金銭的に貧しくても、そこに愛があるならば、すなわち両親や周囲の者が愛をもって取り扱ってあげるならば、経済的条件に関係なく、その子に礼節は備わってくるものである。

〔コラム 40〕

◆養われるべき無邪気さ

人が生まれてから死ぬまでのそれぞれの時期を、年間の四季に例えるならば、「春、夏、秋、冬」に当てられる。それぞれの時期にはその時期固有の特徴があり、その年代固有の成果を残すべきであろう。それぞれの年代には、その時期の任務と目的を達成し、その成果を精神に蓄積し、人格形成の要素として残さねばならない。

未来を夢見る春である青年時代は、活動力の源となるものと、未知の世界へ働きかける精神の高揚を残さねばならないであろう。現在に生きることを特徴とする夏である壮年時代は、成し終えた仕事によって鍛えられた堅実な思想と、柔和で包容力のある豊かな感性を残さねばならないであろう。人生のたそがれ時期である秋の老年期は、これまでの成果から得られた円熟した品格、それに冬の後に来る将来への達観と受容および希望を残さねばならないであろう。

それでは、人生の早春の時期である幼年期、少年期は、その人の人格に何を獲得しておくべきであろうか。それは、純真無垢な無邪気さである。疑いを持たない人生への信頼である。恐れと不安を知らない、汚れなき清らかな子どもらしさである。

この無邪気さと人生への信頼は、賢明な両親と心優しい周囲の人々が与えるところの、溢れるばかりのその子への愛情と見守りによって、育まれ、また養われる。〔『満たされた生涯』p.21 ～ 22〕

人を育てるために重要なことは、物財の多寡ではない。かけがえのない豊かな愛がその子に降り注がれているかどうかである。

二節　周囲の愛で育つ

1　子どもは愛で成長する

▼私の幼少の頃の体験から言えることであるが、「一片の愛もない環境では、真に偉大なものは何一つ生み出されない」。ほんの僅かであっても、そこに愛があるならば、小さい芽は暖かさを受けて一生懸命に育っていく。〔コラム41〕

▼家庭の幸せは、金銭や富財によらない。愛情による。経済的にどんなに貧しくても、両親の愛を一身に受ける子どもたちは、貧しさを少しも感じることなく、健全にすくすくと育つ。心身ばかりでなく、頭脳や人格においても、困窮に煩わされることなく、愛を滋養として立派に成長する。

2　愛は困窮を乗り越えさせる

▼育てられた子において、経済的困窮にありながらも怨まない場合がある。その一方で、富んでいながら不満を持つ場合がある。その決定的要因は、育てられた家庭に愛が有るか無いかである。

〔コラム41〕

◆教科書の借用

知識欲や学習意欲が旺盛になっても、私が中学生になって一番困ったことは、お金がないために授業で使う教科書を買えないことであった。私は、近所の一年先輩の女生徒から一年間だけ教科書を借りて、後で返却することを条件に使わせてもらうことにした。

教科書を近所の人が貸してくれたということは、私にとってどんなに力となり、励ましになったかしれない。なにしろそれまでは授業を受けるにも、教師は生徒に教科書が無いことは前提にしておらず、有るものとして説明し、読ませ、考えさせるのである。私にとっては教科書が無いので、図の説明をされても何を言っているのか分からない。立って読めと言われても、隣りの子に借りて読むしかない。私はお客さんになっているしかなかった。

私は、この女生徒と貸与を許したご両親に深く感謝した。「一片の愛もない環境では、真に偉大なものは何一つ生み出されない」という言い習わしは、確かに真実を含んでいる。逆に、わずかであっても愛があれば、芽を出して育っていくということも真実である。

〔『満たされた生涯』p.78～79〕

〔コラム 42〕

◆富裕に勝る愛

育てられている子どもには、その家が富んでいるか貧しいかなどということは、あまり関係がない。子どもにとって、もっと大切なことは、両親の愛情が溢れるばかりにあるかないかである。しっかりした親の前向きな愛情さえあれば、それをたらふく食べて、子どもは強く逞しく育つ。

子どもにとってばかりでなく、大人であってさえも、金銭の多寡による幸、不幸なんていうものは、愛の有無に比べれば取るに足りない。

〔『満たされた生涯』p.41〕

▼人は、不運な出来事や環境によって不幸になるのではない。その出来事や環境を不幸だと思うから不幸になる。私は、経済的な困窮の中にあっても、決して不幸ではなかった。幸いを感じて明るく生活していた。なぜなら親や周囲の人々から愛され、自分自身としては、将来に対して夢と希望を持っていたからである。

▼どんなに経済的に貧しくても、また食べる物や着る物がなくても、愛の充満に勝って、生きる力を子に与える富裕はない。その逆は、どんなに財産に富んでいようとも、両親の愛の欠如ほど子を凍えさせ、貧困と不自由を感じさせることはない。〔コラム42〕

3　周囲からの愛で育つ

▼愛と幸福とは関係があるだろうか。愛のない幸福というものがあるだろうか。体験から答えを導き出してみたい。私は少年の頃に、父の事業倒産によって経済的貧窮を体験した。衣食住だけをとれば赤貧といってよかった。だが貧しいと感じたことは一度もなかった。兄弟五人は助け合い、近所では友だちと、私が餓鬼大将になって大いに遊びを楽しみ、学校でも児童会・生徒会などで活発に活動し、日々の生活に幸せさえ感じていた。

これはなぜであろうか。両親の溢れるばかりの愛を受け、また真摯に生きる姿勢を、両親から見せられていたからである。周囲の人々の温かい援助と将来への私への期待が、途切れることなく降り注がれたことも、要因として忘れてはならない。

このように、幸福は多くの愛に支えられている。愛のない幸福なんていうものは考えられない。愛さえあれば、どんな経済的貧窮も、幸福と感じられる火を消すことはできない。どんなに貧しくても、親しい人々や周囲の人々の優しい愛と見守りがあれば、そこには幸福がある。貧窮の人であっても大いに幸せでいられる。

▼私は、幼少時代から青年時に至るまで、赤貧の困窮の中にありながら、名もない周囲の人々に多くの愛を与えられ、施しを受けてきた。知られることもない隠れた市井の人々は、自分のことさえ顧みずに、住居や食の提供など、少年の私に数知れず、美しい愛の行為を惜しみなく注いでくださった。

〔コラム43〕

◆学力回復

多くの人々の見守りと差し伸べる愛の援助とによって、私の学力は、父の失踪と私の精神的混乱で一度落ちたものの、再び取り戻していった。（中略）中学三年生数百人のうちの上位数人の位置をキープするまでに回復していった。

愛は不可能を可能にする。どんなことがあっても、愛があってその愛で支えられるなら、その者にとって不可能であったことも可能になってくる。私はこのことを通しても、多くの人々から受けた恩と、それを背後にあって導かれた主の御手とを、生涯忘れることができない。

〔『満たされた生涯』p.91〕

この愛がなかったら、今日の私はない。これらの隠れた人々の愛の行為が、どんなに少年の私を励まし、明日も生きるんだという力を与えてくれたかしれない。主が備えてくださった下町の人々の小さい多くの愛に包まれて、私は強く快活に育った。感謝以外に何があろう。私もその愛を返すために働く。

▼一人の少年に降り注がれる愛は、不可能を可能にする。その少年がダメだと諦めていたことに、再び希望を見いださせる。童児を数十年後の有能な成人へと導く。そのような愛は、慈しみとあわれみに富む主によって、家庭や社会に備えられる。そのような主の愛は、周囲の人々の心を豊かにして施させるという方法によって具体化される。〔コラム43〕

4　周囲の人が励ます

▼一代で人々に知られるようになり、豊財も築いたという人々には、ある共通点がある。青少年の頃に

〔コラム 44〕

◆努力の限界

「為せば成る」、この言葉は、そのとおりである。否定すべき言葉ではない。しかし、もう一面、人の優しさを引き出して受け入れてあげることも必要であることを訴えたいために、敢えてここで言いたいことがある。努力だけでは解決できない問題もあるということである。「努力が足りないからだ。努力すればできないことなどない」と決めつける人がいる。そういう人は、自分の最大限度まで努力したことのない人ではないかと思う。限界まで努力したことのある人は、努力だけではどうしても解決も到達もできないことがあることを知っていて、人を思いやることができる。

悲しいかな、頭脳の質の違いというものがあって、頭の回転の速度とか、ひらめきとか、記憶力の強弱など、努力だけではカバーし切れない問題がある。この頭の働きや感受性、ひらめきの鋭さの違いが、人によってあることを知った上で、努力した者へは、努力したことを認めてやらなければならない。「努力が足りないからだ」との一喝で切り捨てるのでは、努力した者は救われない。報いを与える必要はないが、努力したことだけは認めてあげて、さらに努力するように励ましてあげるならば、彼はさらに努力を続けるようになる。　〔『満たされた生涯』p.118〕

困窮を嘗めたということである。それに周囲の人々の優しい励ましがあったことが加わる。

弱小の青少年にとっては、貧窮の最中にあっては、周囲の人々によるちょっとした親切が、どんなにか勇気付けることになるかしれない。周りにあって接する人々の見る視線のうちの励ましや期待が、その少年が右にも左にも曲がることなく、目標に向かって成長していくことに、どんなに力になるかしれない。

▼限界に達するほどに努力している者に、言ってはならない言葉がある。「努力が足りないからだ」、「努力すればできないことなどない」との言葉である。確かに正しい言葉であるが、努力をしている者を折れさせる。そこに必要な言葉は、「努力しているね。よくやっている」、「もう少し工夫して努力したら、さらにいい結果が出るんじゃないかな」との思いやりと励ましである。〔コラム44〕

三節　厳しく躾ける

1　両親の真摯な姿を見せる

▼少年にとって幸せなこととは何か。裕福であるとか貧乏であるとかは全く関係がない。生きることに真正面から取り組み、正直でかつ勤勉に働き、優しく賢明に振る舞う両親であることを見せられること

である。

このような両親から愛情を注がれた子どもは、これ以上何も欲しいと思うものがなく、豊かさと温かさの中ですくすくと育っていく。〔コラム45〕

〔コラム 45〕

◆すばらしい育児環境

貧しくはあるが、仲良く助け合いながらの親子７人の生活は平穏であった。父は実直で真摯であり、できることは何でもやり、労を惜しまず、家庭を守るために一生懸命であった。母も夫を助け、５人の子どもを育てるのに温かく優しかった。しかし、日常から躾は厳しかった。

母が私たち子どもを厳しく育てたのは、自分が育てられた反省からであった。甘やかされたために、人を頼ってばかりいる娘に育ったからである。その結果、戦中・戦後に何も無い所で生きていかねばならない状況になって、大変な苦労をした。「なんで親はもっと厳しく育ててくれなかったのか。自分の子どもにはこのような苦しみを与えてはならない。ひとりでも生きていける強い子に育てねば」と思ったからであった。

（中略）貧しい家に育ち、生きることに正面からぶつかり、正直で勤勉で、かつ賢明である両親に育てられるということは、子どもにとってこんなすばらしい環境はない。

（中略）人間形成に与える決定的な条件は、4歳までに受けた愛情であると言われる仮説は、真理であろう。〔『満たされた生涯』p.26～27〕

▼幼少時に身に付けさせられた良い習慣は、年老いてもなくならない。血となり肉となっているからである。両親が日々の生活で努力したり、実行したり、信念を持って行動している姿を見せられる子どもは、幸いである。特に手取り足取り具体的に教えられたわけでもないのに、知らず知らずのうちに、自分の目で見て聞いて、それらが身に付いているからである。

▼夫婦喧嘩が絶えないようでは、その子どもたちにも平安はない。経済的貧しさには何の苦も感じないが、家庭に不和があることには、子どもたちも学習に身を入れることができない。子の幸福を願う親であるならば、まず自分たちが幸福になることだ。

2　厳しく育てる

▼自分の子どもに何も言わない、何の指導もしないのは愛情から来ているのではない。子どもを棄てているのだ。子どもの将来を思い、幸福になってほしいと願う親は、「ああしなさい」、「こうしてはいけない」と心を込めて叱責し、指導する。

▼同じ叱責でありながら、ある者には将来の幸いへ導く教訓となり、ある者にはその場限りの懲罰となる。その境は、そこに愛が入っているかいないかである。

▼子にとって親からの試練は厳しいものだ。だが、後になって感謝する。

四節　人格を育成する

1　貧窮が徳を育てる

▼貧乏は必ずしも不幸であるとは言えない。裕福であったら決して得ることのできない宝を与える。それが忍耐とか節制とか克己という富である。さらには、現状を打破しようとする開拓者魂と、夢に向かって歩み続ける勤勉さという富をも養う。そして真摯に生きる意味を見つめさせる。

　少年を貧窮が襲う場合に、以上の徳を身に付けさせるためには、周囲の人々の暖かい愛情と期待が必要である。無力な少年を貧窮の中に放置しておくだけでは、このような徳を修める機会を奪ってしまうことになる。〔コラム46〕

▼貧乏な子は幸福で、金持ちの子は不幸である、という見方がある。その根拠は何か。貧困は、誰にも何にも頼ることを許さない。自分ひとりですべてのことを切り拓いていくしかない。そして、貧乏は、この自主独立という精神と行動を、否応なく幼少の頃から身に付けさせていくからである。

〔コラム 46〕

◆貧乏が与える富

多くの人々は、貧乏は不幸なことだと考える。しかしそうだろうか。貧乏は富裕が決して与えることのできない富を与えることができる。それは節制とか忍耐とか克己心という富である。なによりも、現在を打破して新しい道を拓こうとする開拓者魂と勤勉さという富を与える。

貧しい中にあっても、幼いながらも小さい胸に大きな夢と希望を持つ。そして早いうちから苦しみを通して人生を見つめ、意味を考えるようになる。「生きる目的は何なのだろうか」、「人生とは一体何なのだろうか」と。

歴史を振り返り、伝記を通して見るときに、例えば近年の米国だけを見ても、米独立宣言起草校閲者ベンジャミン・フランクリン、奴隷解放の第 16 代米大統領アブラハム・リンカーン、スコットランドからの移民で鉄鋼王になったアンドリュー・カーネギーなど、貧しい家から有能な人たちが数多く出ていることに気付く。それはそれなりの理由がある。貧窮が上記のような富を与えるからである。私は、他のものでは与えることのできないこれらの富を、幼年、少年、若少のうちから、貧しい毎日の生活とそれに立ち向かう姿勢の中から、少しずつ得ていった。

しかし、そこにも条件がある。貧窮の中に少年の魂を放っておくだけでは、強い精神を宿すように育成することはできない。少年の魂を見守る周りの人たちの、陰ながらの愛と励ましが、どうしても注がれ続ける必要がある。　〔『満たされた生涯』p.95 ～ 95〕

2　人格を育む

▼子どもの頃に自分の周囲に起こってくる事柄は、どんなことであれ、誰もが同じようなものであって、大差はない。ところが大人になった時に、子どもの頃にあった事柄が、大きな差となって現れてくる。それでは、それまでに何があったのか。躾、教育、努力、大志などの差があったのであろう。

▼真の人間教育は、知識の詰め込みにあるのではない。高潔な品性を目ざした人格教育にある。これを周囲から教授されずに育った者は、社会の道具に仕立てられはするかもしれない。しかし、人類に真の豊かさをもたらすような、愛と教養の高い人物に育つことは、ほとんどないであろう。

▼生まれながらの人の本性というものは、善を好み、悪を嫌うようになっているとは言い難い。そのために教育がある。現在周囲で行われている教育の良し悪しを判定しようとする場合、受けた者が善を好み悪を嫌うように実を結んでいるならば、その教育は正しい。

3　宝を継承する

▼親が子に残せる最大の財産は何であろうか。それは信仰であろう。なぜなら、他のどんな財産も使えばなくなるし、古びて価値がなくなっていく。しかし、信仰という財産は、①測り知れない恵みの主

〔コラム47〕

◆霊的教育を施す

　私の子どもたちが中学生、高校生であった時には、私が教会学校のジュニアクラス、シニアクラスの担当教師であった。それで、息子、娘のふたりは、時期は異なるが父親の私から、ほとんど毎週メッセージを聞くことになった。私のメッセージによって子どもたちは育ったと言っても過言ではない。それだけに、彼らの信仰については、私に大いに責任があると自覚している。

　ふたりとも、社会人になってからも、信仰を抱き続けた。親が子に残せる最大の財産は、信仰であろう。恵み深い主に連ならせ、天国に通じる永遠の命の約束を得させることであろう。

「子をその行くべき道に従って教えよ。そうすれば年老いても、それを離れることがない」(箴言22章6節)とある。

〔『満たされた生涯』p.258～259〕

を伝え、②永遠の命の約束を子どもたちに残すからである。〔コラム47〕

▼子どもの宗教教育の最良の方法は、親が熱心に教会へ通い、奉仕している姿を見せることである。

▼人類の歴史を見るに、残念ながら、科学や技術の進歩発達に比例して、人々の間の争いが引き起こす悲惨さが減った、とは言い難い。このような状況を生み出すのは、決して科学・技術そのものに力がなかったり、悪であるのではない。これを利用する人間の心情の方が、科学・技術の進歩に追い付い

ていないのである。科学・技術の恩恵を真に受けるようになるためには、人間の精神がもっと豊かになり、賢明にならなければならない。

どんな文化・文明の発達も、人の心が正しい方向に向いていなかったら、その発達の恩恵を享受することができない。求められるのは、科学・技術の発達と共に、聖・義・愛へと向かう、人心の育成である。

《参考文献》

聖書は、日本聖書協会一九五五年改訳の口語訳を用いた。その他に左記の著作を再読、再々読して参考にした。

カール・ヒルティ『幸福論　第一部、第二部、第三部』（岩波文庫、一九六二年、一九六五年）
カール・ヒルティ『眠られぬ夜のために　第一部上・下、第二部上・下』（岩波文庫、一九六三年、一九六二年、一九六四年）
D・カーネギー『人を動かす』山口博訳（創元社、一九八四年）
安岡正篤『知命と立命』（プレジデント社、一九九三年）
守屋洋『中国古典一日一言』（PHP文庫、一九九二年）
邑井操『人望力』（PHP文庫、一九九三年）
邑井操『器量をつくる』（PHP文庫、一九八七年）
伊藤肇『人間的魅力の研究』（日本経済新聞社、一九九二年）
伊藤肇『現代の帝王学』（プレジデント社、一九七九年）
伊藤肇『帝王学ノート』（PHP文庫、一九九二年）
広岡義之『フランクル人生論入門』（新教出版社、二〇一四年）
P・F・ドラッカー『現代の経営　上、下』野田一夫監修（ダイヤモンド社、一九七三年）
P・F・ドラッカー『抄訳マネジメント』上田惇生訳（ダイヤモンド社、一九七八年）

P・F・ドラッガー『経営者の条件』野田一夫、川村欣也訳（ダイヤモンド社、一九八五年）
P・F・ドラッカー『非営利組織の経営』上田惇生、田代正美訳（ダイヤモンド社、一九九一年）
松下幸之助『指導者の条件』（PHP研究所、一九九〇年）
松下幸之助『成功への指針百カ条　松下幸之助の経営道』（PHP総合研究所、一九九〇年）
稲盛和夫『京セラフィロソフィ』（サンマーク出版、二〇一四年）
稲盛和夫『稲盛和夫語録』（ソニー・マガジンズ、一九九七年）
鎌田勝『社長の名言格言集』（中経出版、一九八六年）
田辺昇一『心に革命を起こせ』（ダイヤモンド社、一九八六年）
阿部實『経営を高める7つのポイント』（日本能率協会、一九八〇年）
バード・ナヌス『ビジョン・リーダ』（産能大学出版部、一九九四年）
ジェームズ・C・コリンズ、ジェリー・I・ポラス『ビジョナリー・カンパニー』（日経BP出版センター、一九九五年）

本書コラムで引用した拙著は次のとおり。

『満たされた生涯』『死と神の国』『天命に立つ』『知慧に生きる』『クリスチャン人生　瞑想録』『愛の完全』『聖潔の探究』『快老をいく』『図解　キリスト教信仰の基礎知識』

あとがき

私はこの『幸福と成功の秘訣』を、論理を重んじた論文のようには書きませんでした。また、一般的な安易なノウハウ本としても書きませんでした。人生においてこれは真実であるということを、私の実証済みの体験から、そして聖書に基づいて書きました。本書の記述はどれも要点だけを述べた短文ですが、各文の思想の背景となったもう少し詳しい内容は、拙著の既刊本をご覧いただければ理解できるようにしてあります。

もし、世的な幸福と成功の手軽なノウハウを本書に期待するならば、それは他著に求めたほうがよろしいでしょう。そのほうが本書よりもはるかに実用的かつ即効的な方法を教えてくれるはずです。

「今日あるは神の恵みによる」（コリント人への第一の手紙15章10節参照）、これが私の生涯を振り返っての実感です。若年の頃から、生活と仕事において、高いビジョンと大きな夢を持って過ごしてきました。だがそればかりが胸中にあった実態ではなく、その日々の生活の基本に置いて歩んできた行動指針は、「今日一日を確実に精一杯生きる」でした。すなわち、毎日毎日、その日にしなければならないことを、正しい基準に基づいて、全力を注いでやりこなす。これを生涯にわたって続けてきました。その結果、「悔いない満たされた幸いな人生であった」ことを迎えることができています。どんなときにも夢を失わず、主を仰ぎ見つつ、一日一日を着実に歩み続ける。その積み重ねが、思いも及ばなかった幸いな高所へと、主は導いてくださいました。

このようにして与えられた知恵を、後代に伝えずに御国へ帰って行くわけにはいきません。「なぜ使命を果たさずに来たのか」と、主からお叱りを受けてしまいます。記してそれを残していく、というのが私の義務であると示されました。

本書は短文とは言え、濃い内容の深い知恵を詰め込むように努めました。人生に真摯に向き合う方々が、人間としての真の幸福と成功である魂の甦りを得られるような、豊かな滋養を本書から得ていただけるならば、著述した意味があります。本書から一人でも多くの方が、主からの富裕に与っていただけることを心から願います。


本書出版に当たっては、いのちのことば社の皆様にたいへんお世話になりました。多胡名誉会長、峯島専務、根田編集長、山口編集者などの関係者の方々です。根田編集長からは、多くの助言やご指導をいただきました。「各章ごとの最初に、著者の人柄を紹介するようなエピソードや証詞を入れるとよい」、「既刊関連記事は、コラム形式にして読者に明示したほうがよい」などです。本書の編集に中心的な働きをしてくださったのは、関西編集室の山口暁生氏でした。氏は、一般の人にも分かりやすいように、多くの加筆修正をしてくださいました。また貴重な助言・提言も与えてくださいました。これらの方々のご協力がなければ、本書が巷間に出ることはありませんでした。著者として心からお礼申し上げます。

本書を読んで下さった読者の皆様にも感謝申し上げます。不適切な記述等がありましたら、ご叱声、ご指摘いただければ幸いです。皆様の上に、主からの豊かな祝福がありますよう、お祈り申し上げます。

二〇二〇年六月　久喜の自宅書斎にて

中島総一郎

《著者略歴》

1943年　東京都江東区に生まれる
65年　日本ホーリネス教団 立川教会で洗礼を受ける
66年　芝浦工業大学 電子工学科卒業
㈱芝浦電子製作所 入社
78年　一級生産士取得
83～84年　日本ホーリネス教団 上野教会責任役員
84～85年　JIS電子回路部品用語専門委員
久喜キリスト教会開拓委員会 委員長
95～96年　電子材料国際整合化委員
IEC（電気電子世界標準規格）60539
サーミスタ規格の改正日本提案代表（独・ドレスデン）
96～97年　㈱岩手芝浦電子 代表取締役社長
97～98年　㈱上海芝浦電子 總経理（取締役社長）
99年　ISO 9001品質システム審査員補資格取得
2006年　お茶の水聖書学院 聖書本科卒業
08～11年　日本ホーリネス教団 信徒代議員
06～14年　お茶の水聖書学院 講師、評議員、参与、理事
08～14年　イーグレープ聖書人生塾 講師
10～17年　お茶の水聖書学院 研究コース コーディネータ
11年～　日本ホーリネス教団　上野教会員
15年～　いのちのことば社 常任監事、理事

《著書》

『天命に立つ　～聖書の知慧に学ぶ』
（日本ホーリネス教団 久喜キリスト教会 宣教出版委員会）
『知慧に生きる　～救い完成と苦難克服』
『聖潔の探究　～ホーリネス到達と信仰完成』
『愛の完全　～神的愛と結婚愛』
（以上、日本ホーリネス教団 出版局）
『満たされた生涯　～幼年・青年から壮士・快老へ』
（日本ホーリネス教団 東宣社）
『死と神の国　～人生の最終到達目標』
『クリスチャン人生　瞑想録　～祝福生涯の秘訣』
『快老をいく　～御国を目指して　付：死への備え』
『図解　キリスト教信仰の基礎知識』
『図解　聖書理解の基本』（以上、イーグレープ）
『幸福と成功の秘訣Ⅰ　～聖書が教えるリーダーの心得
《指導者・企業トップ・経営編》』
『幸福と成功の秘訣Ⅱ　～聖書が教える人生の極意《生き方編》』
『幸福と成功の秘訣Ⅲ　～聖書が教える人物確立の道
《品格修養・充実人生編》』
（以上、いのちのことば社）
共著『やさしいセンサー技術』（工業調査会）

引用聖句は一般財団法人日本聖書協会発行　口語訳を使用

幸福と成功の秘訣Ⅳ《仕事・実生活編》

2020年7月20日　発行

著　者　中島 總一郎

〒346-0032　埼玉県久喜市久喜新 1187-20
TEL・FAX　0480-22-9529

印刷製本　日本ハイコム株式会社

発　売　いのちのことば社

〒164-0001 東京都中野区中野2-1-5
電話 03-5341-6922（編集）
03-5341-6920（営業）
FAX03-5341-6921
e-mail:support@wlpm.or.jp
http://www.wlpm.or.jp/

新刊情報はこちら

ISBN 978-4-264-04174-0